隋唐长安城圜丘

隋唐长安城圜丘与祭天丛书

杜文玉　主编

韩建华　著

西安出版社

西安曲江出版传媒股份有限公司　出品

长安阅

序

　　1999 年位于陕西师范大学雁塔校区操场旁的隋唐圜丘遗址正式由考古部门发掘。圜丘又称"天坛"，早在 1957 年，就被文物考古部门确认，并竖立了省级文物保护碑，防止被破坏，但却没有引起社会的关注。此次正式发掘，极大地震动了学术界，也在广大人民群众中引起了很大的轰动，国内外各种媒体纷纷报道。之所以如此引人注目，是因为圜丘是中国古代皇帝祭天的场所，在我国古代祭祀体系中等级最高，礼仪最为隆重。不仅如此，还因为这座圜丘是我国目前发现最早的古代祭天场所，比北京的明清天坛早 1000 余年。北京天坛高 5.4 米，西安圜丘高 8 米，前者 4 面有台阶（陛），后者 12 面有台阶，更加符合周代礼制的规范。自建成以来，隋朝的2位皇帝，唐朝的19位皇帝，共计21位皇帝先后在这里举行过祭天大典。为了更好地展示这座古代礼制建筑的雄姿，2014年规划建设"天坛遗址公园"，2018年2月16日即正月初一，正式向社会公众开放。遗址区内除了有天坛博物馆及少量配套设施外，周围有绿地及道路，公园南侧有长200米、宽30米的绿化廊道，形成了以天坛为核心，南北通透的视觉效果，从而达到了文物保护与城市绿地建设完美结合的目的，并为广大游客提供了又一处接受历史文化教育的游览场所。

为了使广大人民群众了解隋唐时期的礼仪文化，尤其是了解这一历史时期的礼制与祭天制度，西安曲江出版传媒股份有限公司组织相关专家撰写了两部书。《隋唐长安城圜丘》一书，着重从古代祭天制度与圜丘形制的角度撰写，主要涉及隋唐时期的国家礼仪制度、圜丘形制、祭天仪制、祭器与祭品、祭服与仪仗、乐舞与歌辞、隋唐祭天礼仪对后世诸朝以及周边诸国的影响等方面的内容。《隋唐皇帝祭天故事》一书，则围绕着隋唐两朝皇帝圜丘祭天所发生的故事这一主题撰写，除了对这一历史时期皇帝圜丘祭祀的次数、特点及意义进行论述外，对每一位皇帝在位期间亲祀与有司摄事的社会背景、原因与影响、祭祀经过以及所蕴含的政治意义等，都进行了详尽的分析与论述。这两部书的内容相辅相成，互为补充，将整个隋唐时期围绕着圜丘祭天的相关制度与故事完整地呈现出来，以便使广大读者对我国古代这一重要的礼仪制度有一个全面系统的了解。

有关中国古代礼制以及祭祀礼仪的研究，国内外学术界已有不少的研究成果问世，但由于专业性过强，并不适合普通读者阅读，从而对宣传我国传统文化、弘扬民族精神造成了一定的影响。这两部书的推出，除了宣传西安地区悠久的历史文化外，就是为了改变目前这一现状而有意安排的。为此，要求这两部书必须做到文字流畅，叙事清楚，既要详尽地介绍古代的相关制度，又要交代清楚历史渊源；既要具有一定的学术性，又要增强故事性与趣味性，真正做到通俗性与学术性的完满结合，为普及我国古代的制度文明而贡献一点力量。为更好地反映书中的内容，同时还附有许多图表，做到图文并茂，从而有助于读者理解我国古代这一重要礼仪制度及其所蕴含的深刻文化意义。

在我国古代长达数千年的岁月里，虽然经历了许多朝代，然遗存至今的天坛遗址却仅有两处，即北京天坛与西安天坛。由于这两处天坛相隔千余年，所以在形制上并不完全相同，考察这些不同之处，对了解我国古代祭天制度的变化有着重要的意义。这些变化在这两部书中都有所交代，相信读者阅读完这两部书后，再参观这两处天坛遗址，将会有不同的感受，从而也会为我国古代悠久的历史与宏伟的建筑而自豪。

随着西安天坛遗址公园的建成开放，将会有更多的国内外游客来此参观，而本书的出版发行，将有利于宣传西安的悠久历史文化，弘扬时代精神，从而促进本地旅游事业的发展。

杜文玉

2018 年 12 月 5 日

撰于古都西安

目 录

引　言

1999 年 3 月，在陕西师范大学的一处操场旁，中国社会科学院考古研究所西安唐城考古队的考古人员正在紧张地进行考古发掘。他们发掘的遗址是隋唐两朝祭天的圜丘遗址。圜丘是中国古代重要的礼制建筑，是维系中国古代家国一体封建政权延续千年的关键。历代帝王都非常重视圜丘祭天，故"国之大事，在祀与戎"。圜丘祭天从西周开始，延续至清末，是宣示皇权的重要方式。

西周祭天时，在地势高敞的地方选择一个自然的圆形土台，作为向上天祭告的场所。汉武帝时期，在都城长安的南北郊逐渐形成祭祀天地的祭坛，皇帝于特定的时间在南郊圜丘祭告上天。从魏晋时期开始，从宫城太极殿到南郊圜丘的连线，成为都城规划和设计的轴线，这是中国古代宫、庙体制的一次大变革。

祭祀时，皇帝从宫城出发，沿着长长的天街到达南郊圜丘，以天子的身份宣示着君权神授，秉天意而治万民，彰显着政权的合法性。长安圜丘是隋唐两朝都城南郊最重要的礼仪建筑，始建于隋文帝开皇初年，至唐昭宗天祐元年东迁洛阳而废弃，沿用300余年。300余年间，20多位帝王曾亲祀圜丘，圜丘见证了隋唐的政治风云变幻。

每一位亲祀的帝王以天子的身份登上圜丘坛顶，祭祀昊天上帝，一定是某种政治意图实现之后的必然行动。通过祭祀向上天和祖先祷告，获取上天和先祖的庇佑。在鼓乐声声、欢歌舞蹈中，帝王跪拜昊天上帝，其内心波澜大不相同：或有初登大位的惶恐，或有骨肉相残后的不忍，或有文治武功后的骄矜，或有大难后的庆幸，或有大厦将倾的无奈。匍匐在祭坛顶上，体会到为政的艰难，安邦治国需要政治智慧，或忍辱负重，或奋发图强，或随波逐流，在维护家国命运时体味着人生的不易与艰难。

考古学既充满魅力，又至关重要。考古发掘，用手铲阐释着历史的过往。考古发掘不是一般意义上的建筑工程，用手铲剥去所有掩盖在遗址上的砖石瓦砾、黄尘泥土，将这些砖石瓦砾进行清理、搬运，甚至过筛，这些都要小心翼翼地进行，不遗漏任何细微的现象——这就是考古。

考古队员在现场进行着具有历史性意义的伟大行动。经过3个多月的考古发掘，当四层大台十二陛的圜丘展现在世人面前，"天下第一坛"的美誉便应运而生。站在四层全部用黄土夯筑的圜丘坛上，看着台壁和台面有着十七层之多的修复白灰面，历史的烟云便氤氲开来……

1957年，隋唐长安城历经千年湮没，终于迎来了考古的春天，圜丘被确认为陕西省重点文物。"向上天敬献祭品""敬献美酒""叩行大礼""敬献乐舞""主祭人诵读《祭天文》"，2018年2月16日，即戊戌年正月初一，一场气势恢宏的仿唐祭天仪式在隋唐圜丘遗址上演。在悠扬的鼓乐声中，古老的唐代祭天仪式震撼着观众。以"福佑中华·天坛春祀"为主题的迎春祈福大典在新建成的天坛遗址公园举行，仪式分为迎驾、静鞭、行礼，鸣钟、列阵、行进，初献、亚献、终献等部分。经过媒体的纷纷报道，这座"大隐于市"的大唐圜丘才为更多人所知。

1000多年前，大唐的天子们，曾在这里一步一步登上坛顶，拜祭昊天上帝，祈求风调雨顺、五谷丰登、国泰民安。

——天坛的前世今生，将从这里开始。

第一章

天与祭天

祭祀是因为敬畏而产生的向神祈愿和回报的崇拜活动，通常是向神灵奉献牺牲、粢盛与玉帛等贡品。在这个过程中出现了垄断天地交通的巫觋。巫觋可沟通神与人、天与地，祭祀天神的特权被君王垄断，巫觋与君王合而为一。

古代先民进行祭祀时封土为坛，就有了祭坛。因为天圆地方，祭天的祭坛就建成圆形，就是《周礼》所说的圜丘。《周礼》作为儒家礼仪经典，是汉代以后历代王朝国家礼典最基本的理论依据和指导文本。郊祀是和帝王、国家、都城等相关的祭祀，是国家祭祀的重要内容，是国家礼仪的核心，对都城的设计与规划产生重要影响。

第一节 古人对天的认知

"天者，万物之祖，万物非天不生。"[1]当古代先民在日常的生产生活中，对自然界的各种现象无法认知时，就认为自然现象都是有生命和灵魂的，于是对神灵产生了畏惧、敬仰等复杂的感情，这就是自然崇拜。这些万物的最高神灵就是天神，为乞求天神禳灾赐福，就有了祭祀天神的行为。

《尚书·尧典》："乃命羲和，钦若昊天，历象日月星辰，敬授民时。"这句话的意思是尧命令羲和，恭谨地遵循上天意旨行事，根据日、月、星辰的运行情况来制定历法，以教导人民按时令节气从事农业劳动。崇拜敬畏天，是远古人们对神秘莫测并遥不可及的苍穹的一种恐惧和无能为力的反映。人们

[1] ［西汉］董仲舒撰、［清］凌曙注：《春秋繁露》卷十五《顺命》，北京：中华书局，1975年，第518页。

在不了解自然现象，又希望认识自然现象时，认为在茫茫的天背后总有某种神秘的主宰存在，就把自然想象为具有思想、情感和意志的存在，把朝日夕月、风雨雷电、春华秋实等自然界的变化，理解为万物都有灵魂，而这些灵魂之上的至上神便是天。

万物有灵，即所有自然现象都是有生命和灵魂的。"山林、川谷、丘陵能出云，为风雨，见怪物，皆曰神"，这正是《礼记·祭法》中对"万物有灵"自然观念的真实记录。当观察到日月星辰、风雨雷电等在四季更替过程中发生着规律性的变化时，像朝日夕月、春华秋实、夏雨冬雪等变化，人们感到神秘而恐惧，自发形成星辰崇拜。

随着人类对天体认识的提高，在黄河流域定居的农业部落发现星辰的变化与春耕秋收的周期相吻合，便通过细致的观察，以星辰确定农时。星辰崇拜也是先民万物有灵观念的表现，最初只是笼统地把星辰当作天神的存在形式来看待。"天象的变化乃是上天对人间祸福的示警，这种独特的文化心理不仅促使统治者垄断一切天文占验，而且使他们不得不辛勤地观测天象，以便寻找天象与人事的某种联系。"①为了求得风调雨顺，避灾消祸，就出现了垄断天地交通的巫觋，巫觋通过祭祀传达神的旨意，沟通神与人、天与地，传达祭者的希冀或要求。

商代甲骨卜辞中常出现"帝"，就是殷人观念中的至上神——天帝。有学者认为在商朝存在一个"上帝信仰"。所谓"上帝信仰"，指在众神之上有一个最高神，它具有绝对权威，主宰着宇宙，其他神灵乃至人类都必须听从它的命令。②当代著名考古学家张光直先生对商代"上帝"的解释为："上帝在商人心目中是至高的存有，对人间世握有终极的权柄——像农业的收成与战争的成败，城市的建筑与人王的福祉。上帝也是饥馑、洪水、疾病与种种灾祸之终极原因。上帝自有一个朝廷，容纳许多自然界的神灵，如日、月、风、雨。"③

周人认为周灭商是周王"受天命而王天下"的结果，所以周人的宇宙观念中有了

①冯时：《中国天文考古学》，北京：社会科学文献出版社，2001年，第54页。
②冯建章：《中国文化背景下的宗教与信仰——以帝、天、道为论说中心》，中国艺术研究院2010年博士论文。
③ Chang Kwang chih.Early Chinese Civilizition.Cambridge:Harvard Univ,1976.P9.转引自傅佩荣《儒道天论发微》，台湾：台北学生书局，1985年9月。

"天信仰"，从而代替殷人的"上帝信仰"。"天命"即在天为"命"，在人为"德"。"天信仰"里的"天"就是周人观念中具有德行与自然性的周代最高神。天兼有帝的主宰性。据统计，西周金文中以"天"为上帝的用法共出现 17 次，以"帝"为上帝的用法则只出现 4 次。《诗经》中以"天"为上帝的用法出现了 118 次，"帝"只出现 43 次。显然周人已经模糊了"天"与"帝"之间的界限，"天"即"天帝"。

《尚书·召诰》中认为天是主宰之神，即昊天。《小雅·巧言》云："悠悠昊天，曰父母且。"《大雅·瞻卬》云："藐藐昊天，无不克巩。"《尚书·召诰》云："皇天上帝，改厥元子。"天是宇宙间具有最高主宰的上帝，天子即天之元子，天为父，所以号"皇天"。天子代理天（上帝）来统治天下，天下的概念从一开始就与天子的概念结合起来。天下就是上帝所能监临的下方，天子代表天治理的区域就是天下，所以天子支配的领域也就是这个天下。

春秋战国时期占星学进一步发展，建立了天体与人事之间的对应关系。地上有皇宫，天上就有紫微宫；地上有州域列国，天上就有相应的星官，特别是把银河比拟为天上的汉水，称为天汉。这种把天上的星宿对应地上区域的分配法称为分野，"通过分野，便可将天上日月五星的运动与地上列国的命运巧妙地联系起来了"[1]。古人认为天帝主宰一切人事，星宿的变化暗示着人事变化，"众星列布，体生于地、精成于天，列居错峙，各有所属，在野象物，在朝象官，在人象事"[2]。占星家通过观测天象沟通神与人、天与地，传达上天旨意；君王根据占星家所观测的天象来决定军国大事，有意宣扬迷信以巩固其政权。

占星家在观测天球运转时，发现居于天球旋转中轴上的北极星，似乎是始终不动的，其他星体均围绕着北极星运转，故其位置十分重要。以北极星为中心而形成的紫微垣，居于北天中央，称紫微宫，是天帝居住的地方。居住在紫微宫，并被众星围绕的北极星，称为耀魄宝、北辰，是天神中的最高神，即上帝。

道家称其为太一，在道家的宇宙观中，天地尚未形成的

① 冯时：《中国天文考古学》，北京：社会科学文献出版社，2001年，第54页。
② ［西汉］司马迁：《史记》卷二十七《天官书第五》，北京：中华书局，1959年，第1289页。

混沌时期，宇宙中出现了元气，这就是太一。后来元气一分为二，清气飞扬上升为天，浊气凝滞为地。这就是《老子》中说的"有物混成，先天地生……吾不知其名，强字之曰道"。道是客观的自然规律，先天地而生，天地人必须遵循，其实就是太一。太一为天神最尊者，而天神太一的常居之地正是北辰。《尔雅·释天》云："北极谓之北辰。"郑玄注："天皇，北辰耀魄宝，又云昊天上帝，又名大一常居。以其尊大，故有数名。"

在战国楚地发现了与太一信仰相关的遗物——出土于湖北荆门的"兵避太岁"戈[1]，李零认为是太一信仰的遗物[2]。荆门包山楚简中也有关于太一信仰的内容[3]，郭店楚简中有《太一生水》篇[4]。太一在楚人观念中被称为"东皇"，屈原的《楚辞·九歌·东皇太一》注："太一，星名，天之尊神。祠在楚东，以配东帝，故云东皇"[5]，描写的就是对

[1] 王毓彤：《荆门出土一件铜戈》，《文物》，1963年第1期。
[2] 李零：《"太一"崇拜的考古研究》，《中国方术续考》，北京：东方出版社，2001年，第219—223页。
[3] 湖北省荆沙铁路考古队：《包山楚简》，北京：文物出版社，1991年。
[4] 荆门市博物馆：《郭店楚墓竹简》，北京：文物出版社，1998年，第125—126页。
[5] 洪兴祖补注：《楚辞补注》卷二《九歌·东皇太一》，北京：中华书局，1983年，第57页。

东皇太一的祭祀，正是对最高神太一的膜拜。这样，太
一不仅是天体中的星体名，是天极所在，而且是天神中
的至上神，是祭祀崇拜的对象。李零认为先秦时期太一
包含三种含义：作为哲学上的终极概念，它是"道"的
别名；作为天文学的星官，它是天极所在；作为祭祀崇
拜的对象，它是天神中的至尊，"是一种兼有星、神和
终极物三种含义的概念"①。汉武帝时期，太一信仰进
入鼎盛时期。武帝接受谬忌的建议，在长安城东南郊设
"三一坛"，元鼎五年（前112）在甘泉宫设立太一坛。
太一坛呈八角形，主神为太一，以五帝配享。

　　西汉末年，随着长安城南郊祭天的确立，甘泉太一
坛废黜，太一信仰也退出国家祭祀空间。王莽依儒家经
典，将天改称"昊天上帝"，取代太一成为国家祭祀的
最高神。东汉承王莽，天帝仍称昊天上帝，但后改称"皇
天上帝"。

　　东汉末年，郑玄创立"六
天说"，认为昊天上帝即太一，
就是冬至日在圜丘祭祀的天皇
大帝。在郑玄看来，太一、昊

①李零：《"太一"崇拜的
考古研究》，《中国方术续
考》，北京：东方出版社，
2001年版，第237页。李零：
《读郭店楚简〈太一生水〉》，
《道家文化研究》第十七辑，
北京：三联书店，1999年，
第320页。

天上帝、天皇大帝、皇天上帝，都是指北极星，只不过同物异名。除过北极星，在天上太微垣中还有五方天帝，这六位都是上帝，其中以北极星最为尊贵。这就是影响深远的"六天说"。昊天上帝是至上神，在圜丘祭祀；五方天帝在南郊祭祀。

三国两晋南北朝时，南北分裂，天帝在不同的政权中有不同的名称，如"皇皇帝天""皇天后帝""天皇大帝"等，这些名称都是从儒家经典中找到的有关天帝的不同称呼。儒家通过对经学的解释，特别是对"三礼"的注解，建立了皇权受命于天的天命观：皇帝受天帝选派，承受天命。皇帝通过庄严神圣的祭天仪式，沟通神明，以强化其作为天之子来统治天下的形象。

三国曹魏的大儒王肃认为只有一位上帝，即昊天上帝，这就是"一天说"。从此以后，对于"六天说"与"一天说"，儒者们进行了长期反复的讨论。儒家通过礼的仪式，宣扬其政治理念和尊卑观念，这种社会化仪式满足了皇权统治需要，所以皇权与儒家礼治结合，形成以礼治国的理念。在中国封建社会，儒家礼仪和学说在郑玄、王肃等经学家的努力下愈加完善。

　　隋唐时期，郑玄的"六天说"和王肃的"一天说"被不同的帝王利用，产生了不同的礼学经典，即以"六天说"为代表的《贞观礼》，以"一天说"为代表的《显庆礼》。《大唐开元礼》则折中二者，成为开创唐代以后礼学的经典。但无论如何变化，昊天上帝是最高天神的地位没有发生变化，成为强化皇权和维护皇帝独尊地位的不二法宝。长孙无忌曾给李世民解释说，昊天上帝是一团"元气"，远远望去就觉得苍苍茫茫，所以称苍天；皇天元气广大，则称昊天。昊天上帝就成为儒教国家祭祀的最高神，在国家祭祀的典礼中，祭天即祭祀昊天上帝。这种尊崇一直持续到清王朝的灭亡。

第二节　中国古代的祭天坛

　　祭天，是一种礼仪活动，是祷告和祈福。人们通过这种方式表达对天神的崇拜。从"祭"字来解释，甲骨文 字是会意字，左上角是"肉"，右边是"手"，字中的小点表示杀牲后的血滴，整个字表示杀牲后手持肉祭祀神灵。金文 字，左上角是"肉"，右上角是"手"，"示"是神主牌位，整个字表示手里拿一块肉放到供桌上进行祭祀。《说文解字》解释说："祭，祀也。"意思即祭就是祀，祀亦为祭，二者可以互通。祭天也称为祀天，二者完全是一个意思。古代在正式场合多称祀天，但人们习惯上更多地称呼为祭天。

　　古代先民通过祭祀活动来表达对自然、星辰和祖先的崇拜，那么祭祀活动就必须有场所和特定形式的祭祀建筑，这样便有了祭坛设施。

祭坛就是祭祀的场所，《说文解字》中解释坛为"祭
场也"，汉蔡邕解释"坛谓筑土起堂"，《辞海》释为
"土筑的高台，古时用于祭祀及朝会盟誓等大事"，即
祭坛乃是封土筑台以为祭祀。中国古代的祭坛种类很多，
根据不同的祭祀对象而设置不同的祭坛，如祭天的圜丘
坛、祭地的方丘坛、祭土神和谷神的社稷坛、求雨的雩
坛、祭日月神的朝日夕月坛、祭神农的先农坛、祭先蚕
氏的先蚕坛等。坛类祭祀性建筑，后来统称为礼制建筑，
成为中国古代特有的一种重要建筑类型[①]。尤其是中国
历代王朝在国都的营建中，都优先考虑其都城内外礼制
建筑的营建，这种在古代国都内外营建的祭祀性建筑，
又称都城礼制建筑。正如《三国志》卷二十五《魏书·高
堂隆传》讲道："凡帝王徙都立邑，皆先定天地社稷之位，
敬恭以奉之。将营官室，则宗庙为先，厩库次之，居室
为后。"可见，礼制建筑在国都的有与无、营造的先与后，
是关系到该王朝是否江山社稷永固、该帝王是否正统合
格的大问题，不可等闲视之。

古代先民很早就知道封土
为坛，进行祭祀。考古发掘的

①潘谷西主编：《中国建筑
史》（第五版），北京：中
国建筑工业出版社，2004年，
第12页。

史前的祭坛数量较多，是研究先民自然神崇拜的弥足珍贵的实物资料。这些祭坛遍布我国大江南北，重要的有红山文化祭坛、太湖地区良渚文化祭坛、安徽含山凌家滩祭坛、湖南城头山祭坛等，多建于地势较高的山丘、土墩、岗梁上，形制多为圆形、方形或方圆结合。这些原始社会的祭坛的发现，使我们认识到史前的先民们为表示对神祇的崇拜和敬畏，创造出坛这种超乎寻常的祭祀建筑。

红山文化祭坛有圆形祭坛和方形祭坛，圆形祭坛可能是祭天，方形祭坛可能是祭地。不同形状表达不同功能，祭坛绝地天通，沟通天、地、人、神。其中牛河梁遗址第二地点祭坛为圆形，用石块筑成三重圆的石桩界，直径分别为 22 米、15.6 米和 11 米，形成三层台基。每层台基由外向内，以 0.3—0.5 米的高差，层层高起。坛的顶面铺石较平缓，形成一个完整的圆形坛体。石桩规格以外圈最大，高在 30—40 厘米之间，长宽各约 15 厘米；中圈次之，一般高为 30 厘米，长宽各约 10 厘米；内圈石柱最小，高为 20 厘米，长宽各约 6 厘米。紧贴石柱界，设置有成排的红色筒形器。界桩立石为淡红色的安山岩，淡红色的石台基与筒形陶器色调相近，使整个祭坛呈现出一种红色效果，充分反映出当时祭祀活动的庄重。冯时认为牛河梁以三环石坛象天，其西侧的方形石坛象地，是最早的"盖天说"观念的反映，表示天圆地方。

良渚文化祭坛是长江流域史前人类最早的祭坛，一般由人工堆筑而成，坛顶平坦，坛面略呈方形。最早发现的良渚文化祭坛，是 1987 年考古发掘的浙江省余杭县（今浙江省杭州市余杭区）瑶山遗址。瑶山是一座人工堆筑的小土山，在其顶部建有一座边长约 20 米的方形祭坛。从平面上看，该祭坛共由三重遗迹构成，最中央的是一个略呈方形的红土台；红土台四周，围绕一圈宽 1.7—2.1 米的灰土沟，红、灰呈"回"字形布局，色彩对比明显；灰沟的西、南、北三面，是用黄褐土筑成的土台，东面是自然山土。发掘者推测，祭台外重台面上原来铺有砾石。在这个砾石台面的西北角，发现有呈直角连接的两道石砌，叠砌整齐，外侧呈斜坡状，残留高度 0.9 米。在祭坛的中部偏南，分布着两排大墓，均打破祭坛，墓中随葬品皆丰富而精美。

福泉山祭坛是良渚文化晚期的祭坛，位于上海青浦县（今上海市青浦区）一座近方形的土山的中心。其北侧呈二级台阶状，其余三面是斜坡，山高 7.5 米、东西长 94 米、南北宽 84 米，顶平整。祭坛是良渚先民在马家浜文化和崧泽文化的土丘遗址顶上堆土而成。用土堆筑的高台达 3 米高，在高台中央修建了祭坛。祭坛南北长 7.3 米、东西宽 5.2 米，坛面呈阶梯状，自北而南，由上而下共分三级台阶，每级台阶高度相等，每个台面的周边都堆砌一些人工切割的土块，像是护坡，形成不很规则的正方形、长方形台子。在最高层台面的东南角，用土块叠砌成一个小方形，内有一块长 1 米、宽 0.4 米的大土块，正背面皆平整，下压一件陶缸。整个坛面包括土块在内，都被大火烧成红褐色，发掘者判定这是一处燎祭祭坛。祭坛也发现墓葬，均为大墓，随葬有玉器、陶礼器等，甚至还有人牲。

最初的祭坛，只是一个平坦高敞的地方，或是自然山头，或是经过平整的高台。随着"盖天说"的形成，古代先民认为天圆地方，天像一个圆形的盖子，扣在平坦的方形大地上，所以把祭天的祭坛建成圆形，以象征天的形象。有学者认为最早的圜丘就是红山文化牛河梁2号地点的三环石坛，但文献最早出现"圜丘"这一名称的则是《周礼》。

《周礼》中规定，祭天的圜丘要建于国都南郊，天子每年冬至日在圜丘举行祀天大典。文献对周天子圜丘祭天的活动有详细的描述：在冬至日的清晨，早早起身的周天子率百官来到南郊进行祭祀。祭祀前，周天子换上礼服，头戴冕旒，身穿衮服，腰插大圭，手持镇圭，面西而站。钟鼓齐鸣，祭祀开始，首先是降神，天帝临坛，周天子以牛为牺牲进行献祭，随后宰杀之，和玉璧、玉圭、缯帛等祭品一起堆放在柴垛上，点燃柴垛，让烟气升腾，使天帝闻嗅其味。"燔燎"结束后，由活人装扮的天帝登上圜丘，接受祭享。然后依次向天帝敬献荐血、进献"五齐"酒。进献结束后，以"云门舞"来答谢天帝。整个过程庄严、肃穆，周天子以虔诚的心态来表示对天帝的崇敬。

《周礼注疏·大宗伯》云："立天神地祇人鬼之礼者，谓祀之，祭之，享之。"就是说古人按天神、地祇、人鬼将祭祀分为三类，由此奠定了祭礼的敬天、礼地、爱人的三种基本情感指向。《礼记·礼三本》说：
"故礼上事天，下事地，宗事先祖而宠君师，是礼之三
本也。"不同的祭祀对象，对应不同的礼仪，也表达不
同的情感和祈求。远古的人们认为天是至高无上的神，
敬天的祭祀活动是所有祭祀中最高等级的，其礼仪程序
也是最繁复的。像文献记载，先要准备好酒和食物等祭
品，再把黍米和屠宰后的小猪放在烧石上，点燃柴草烧
石炙烤，再在地上挖出一个盛酒的坑，用手掬捧而饮，
并用茅草捆扎成鼓槌，用土捏成鼓，敲打撞击，以这样
庄严的形式、虔诚的心态来表示对天神的崇敬。祭天之
礼成为礼之三本的第一根本，其意义更是超乎寻常。

第三节 《周礼》与祭天

周代祭天成为天子的专权，所以对于祭天的地点、时间、用牲、用玉、祭服、祀法和乐舞等均有严格的规定，以彰显周天子的特权。祭祀天地逐渐形成一套仪程和典礼，这便是礼仪。《说文解字》对礼的解释是"事神致福"，意思是礼仪的兴起源于对天神的崇拜与敬畏，人们按照礼制敬神，以求神赐福。祭祀活动严格按照一定的程序和方式进行，渐渐形成了约定俗成的习惯，久而久之，这些习惯就成为一种规范。这种规范以文字的形式被记录并被社会自觉遵守后，就成为礼制。

礼制就是礼仪制度，它是一种行为准则、道德规范，更是一种典章制度。它涉及的范围十分广泛，从老百姓的衣食住行、行为举止，到朝廷法典、婚丧祭祀、宫殿陵寝、外交朝参等，均囊括在其中，"礼者，君之大柄也，所以别嫌明微，傧鬼神，考制度，别仁义，所以治

政安君也"①。这种既可维护社会秩序，又可维护家庭
伦理的礼治，最终成为维护统治秩序的国家礼制。

"礼莫备于三王，乐莫盛于五帝；非殷周之礼，不
足以理天下"②，这是唐代诗人白居易对商周时期礼制
的认识。夏商周三代是儒家礼制最完备的时期，是历代
儒士根深蒂固的观念。特别是以《周礼》为代表的礼制
成为儒家礼仪制度的理想蓝图，成为后世制礼作乐的依
据和圭臬。

《周礼》涉及周天子、贵族、各诸侯国所使用的
礼仪规范以及建立这些规范的指导思想。周礼对汉代以
后的历代王朝影响深远，特别是在魏晋南北朝时期国家
礼典的形成过程中，作为儒家礼仪经典的周礼成为最基
本的理论依据和指导文本。

《周礼》据说是周公
所作，"周公居摄而作'六
典'之职，谓之《周礼》，
营邑于土中，七年致政成
王，以此《礼》授之，使
居洛邑治天下"③，是礼制

① [东汉]郑玄注、[唐]孔颖
达等正义：《十三经注疏·礼记
正义》卷二十一，北京：中华书
局，1980年，第484页。
② [唐]白居易著、谢思炜校注：
《白居易文集校注》卷二十八，
北京：中华书局，2011年，第
1576页。
③ [东汉]郑玄注、[唐]贾公
彦疏：《十三经注疏·周礼注疏》
卷一，阮元校刻本，北京：中华
书局，1980年，第639页。

成熟的标志，所以备受历代王朝的推崇。南宋朱熹认为，"《周礼》是周公遗典也"。清代孙诒让认为，《周礼》是周公对黄帝、颛顼至周成王时期各种典章制度的总结。古人言必称三代，三代之英在周，并笃信《周礼》出自周公。《周礼》中完善的官制体系和丰富的治国思想，是历代政治家制定治国纲领的圭臬。

《周礼》一书发现于西汉初年，初名《周官》，是由河间献王刘德从民间搜集所得，随后献给朝廷。直到成帝时，刘向、刘歆父子在整理朝廷藏书时，才发现这部书。王莽当政时，《周官》被列入学官，并更名为《周礼》。东汉后期，经学大师郑玄为《周礼》作注，大大提高了《周礼》的地位，使《周礼》一跃而居"三礼"之首，成就了古文经学的地位。

《周礼》总结和归纳了先秦时期的社会政治、经济、文化、风俗和礼法等方面的制度，内容极为丰富，"大至天下九州，天文历象；小至沟洫道路，草木虫鱼。凡邦国建制，政法文教，礼乐兵刑，赋税度支，膳食衣饰，寝庙车马，农商医卜，工艺制作，各种名物、典章、制度，无所不包"①。其中关于周代礼仪的体系最为全面和系统，涉及祭祀、丧葬、朝觐、封国、巡狩等典章制度。内容包括《天官冢宰》《地官司徒》《春官宗伯》《夏官司马》《秋官司寇》《冬官考工记》等六篇，冬官篇佚亡，汉代以《考工记》补其缺。

圜丘祀天是《周礼》在祭祀方面的重要贡献。"圜丘"一词，最早出现在《周礼·春官·大司乐》中，而且仅此一处，在先秦其他传世文献中皆不见载。对于圜丘的解释，"圜丘，太坛祭天也"，即圜丘就是祭天的太坛。进一步解释，"丘"就是自然的高丘陵，"圜"就是形状为圆形以象天。圜丘在当时被认为是自然形成的圆形高丘。圜丘祀天是《周礼》诸多祭祀礼仪中最重要、最突出，也最具代表性之礼，对后世影响甚大。

《周礼·天官·大府》载："邦都之赋，以待祭祀。"祭祀的方式，就是以一种特有的仪式向天神敬献供品，祈求天神的护佑，在程序中保持虔诚之心、敬畏之意，以取悦天神，获得平安与衣食富足的赐福。

① 张洪浩：《周礼的内容及行文特点探析》，《黔东南民族职业技术学院学报》，2008 年第 9 期。

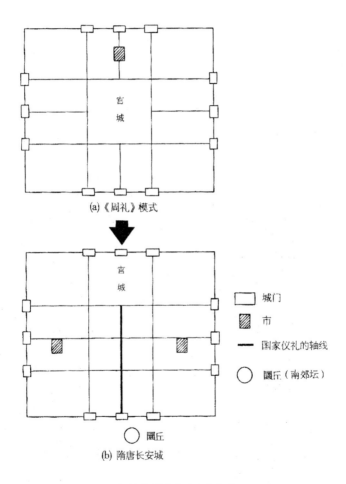

(a)《周礼》模式

(b) 隋唐长安城

城门

市

国家仪礼的轴线

圜丘（南郊坛）

圜丘

《周礼》模式与隋唐长安城

圜丘祀天礼，主要的祭祀形式是向天神敬献酒食，具体的礼仪程序分为祭祀前的准备工作，包括亲耕、选牲、告卜、择士、斋戒、省视等，以及祭祀过程中的燔柴、用乐、迎尸、射牲、盥荐、馈食等具体仪式。祭祀时天子所用圭璧、乐器、服冕等都有严格规定，以显示祭祀的神圣与庄严。

周代祭天的圜丘一般是选择地势较高的地方。祭祀的对象为昊天上帝，郑玄注《周礼·春官·大宗伯》时明确指出："昊天上帝，冬至于圜丘所祀天大帝也。"祭祀的时间，现在普遍认为是冬至日，其依据是"迎长日之至也，大报天而主日也"，就是在夏历十一月冬至举行祭天。举行祀礼当天，祭祀开始的具体时间、持续时长，文献都有明确的记载，夏朝祀天是在黄昏时，殷人祀天在中午，周人祀天是在清晨太阳初升之时，而且要持续一天时间。有学者认为，冬至日祭天不符合周代之实际，因为在商周时期，尚无明确的四季划分，也就没有冬至、立春等概念，所以冬至祭天是后世学者的构拟，而实际的周代祀天是在周历的四月也就是夏历二月。

《周礼》中与祀天礼仪有关的职官有：《天官》中的大宰、小宰、阍人等；《地官》中的大司徒、乡师、廪人、遂人等；《春官》中的大宗伯、小宗伯、典瑞、司服、小师、大卜、肆师等；《夏官》中的大司马、诸子、司士等；《秋官》中的大司寇、小司寇、蜡氏、乡士等。这些礼官，其职责划分相当细致。

《周礼·春官·大宗伯》中规定了大宗伯的职能："大宗伯之职，掌建邦之天神、人鬼、地祇之礼，以佐王建保邦国。"《周礼·春官·典瑞》中规定了典瑞一职的职能："典瑞，掌玉瑞、玉器之藏，辨其名物与其用事，设其服饰。"

祭祀时所用玉礼器由典瑞掌管，负责对玉礼器的收藏，辨别其质地、颜色、名称与类别等。祭祀玉礼器有璧、琮、圭、璋等。早在新石器时代就有玉璧、玉琮等，其中良渚文化的玉琮最为著名。有学者研究认为，玉琮应该来源于玉镯，因为在良渚文化的墓葬中，玉琮一般是戴在腕上，且以右手多见，可见玉琮是由实用的饰品演化成礼器的。

《周礼·春官·大宗伯》对玉礼器的类型与用途都

有明确的规定："以玉作六器，以礼天地四方：以苍璧礼天，以黄琮礼地，以青圭礼东方，以赤璋礼南方，以白琥礼西方，以玄璜礼北方。"祭祀时，不同等级的人要穿符合自己身份的衣服，以示严肃。司服一职就是专职负责君王在祭祀礼仪中的衣服。另外还有巾车，"掌公车之政令，辨其用与其旗物而等叙之，以治其出入"；典路，"掌王及后之五路，辨其名物与其用说"；《周礼·春官·车仆》："车仆掌戎路之萃、广车之萃、阙车之萃、苹车之萃、轻车之萃"，"司常掌九旗之物名，各有属，以待国事"，等等。

后世诸家多认为，周代圜丘是在国都南郊。圜丘祀天是在郊外进行，所以称为郊祀。先秦的文献中多以郊祀代替圜丘，所以文献中圜丘出现得比较少。

第四节　郊祀与祭天

郊祀是以祭祀地点命名的一种祭礼。《尚书·召诰》载："越三日丁巳，用牲于郊，牛二。越翼日戊午，乃社于新邑，牛一，羊一，豕一。""用牲于郊"中的"郊"有两层含义：一是指祭祀的名称，与后面的"乃社于新邑"的"社"相对应，是指祭祀之事；一是指祭祀的地点，与后面的"乃社于新邑"的"新邑"相对应，是指国之郊。郊，《说文解字》解释为："距国百里为郊。从邑，交声。"另有学者认为："'郊'字原文即'高'字，故郊字本含'高'义，实由就高地祭天而得'郊'名，非因于国郊祭天而得斯名也。"[1]这是因为二字读音相近产生的一种牵强解释。

在先秦文献中，凡是祭天皆称郊祀、郊天，甚至直接简称

[1]杨天宇：《西周郊天礼考辨二题》，《文史哲》，2004年第3期。

为"郊"。这是因为郊祀指的是郊外祭祀天地，南郊祭天，北郊祭地。郊谓大祀，祀为群祀。周代，很多祭祀前均贯以"郊"，像郊社、郊柴、郊祭、郊射等。郊社，《辞源》释义为：祭天地，周代冬至祭天称郊，夏至祭地称社。祭天于国都南郊，祭地于北郊。这两项祭典都在郊外举行，所以常常统称为"郊"，祭天也就称为郊天了。

郊祀是古代祭祀中重要的内容，历来受到重视，因为郊祀是和帝王、国家等联系在一起的。"帝王之事，莫大乎承天之序，承天之序，莫重于郊祀。"[①]郊天之祭，一方面是为了求得上天的保护，祈求风调雨顺，五谷丰登；另一方面是为了报答天上的众神。天子治理天下，举行郊祀，是为了发扬天道。《礼记·礼运》中解释周代郊祀是为了"定天位"，以报答上天。唐代特别强调郊祀的重要性，《唐会要》称"夫郊祀者，明王之盛事，国家之大礼"。

郊祀是国家祭祀的重要内容，是国家礼仪中吉礼的核心，一般由君主或帝王主持。国家祭祀包括祭祀天地日月、社稷、四望、名山大川等，这

① [东汉] 班固撰、[唐] 颜师古注：《汉书》卷二十五《郊祀志》，北京：中华书局，1964年，第1253页。

些成为古代中国重要的典章制度。郊丘之辩是古代著名的礼制问题,郊指南郊祭天,丘指圜丘祀天。郊丘之辩的实质即南郊祭天与圜丘祀天之间的关系问题。

郊丘之辩是对郊祀之礼的不同观点,始于郑玄与王肃的礼学之争,实则是郑玄的"六天说"和王肃的"一天说"之争。二者关于郊丘的争辩影响到南北朝以后国家礼典的制定。

郑玄是东汉末年儒家学者、经学大师,创立"郑学",成为"天下所宗"的经学大师,受曹魏、北朝的推崇。他的"六天说"是汉代谶纬之书大量出现的结果,认为上天有紫微宫,即北辰,是天帝的日常居所;天帝是天的最高神,即文献中的昊天上帝或天皇大帝,天神之中最为尊贵者。在昊天上帝之下又有五方天帝,即东方青帝灵威仰,南方赤帝赤熛怒,中央黄帝含枢纽,西方白帝白招矩,北方黑帝叶光纪。这五方天帝又称为感生帝,居住在太微宫。昊天上帝和五方天帝合起来为六天,以昊天上帝为最高,置于五方天帝之上。圜丘祭祀昊天上帝,配以远祖,在冬至祭祀;南郊祭祀五方天帝,即感生帝,配以受命始祖,夏正建寅之月,即正月祭祀。圜丘和南郊实为两个不同的祭天场所。圜丘用自然丘陵，南郊用人工祭坛。郑玄的"六天说"出自谶纬之书，其观点明显具有汉代宗教神学的思想。

王肃是三国曹魏著名经学家，曾遍注群经，形成与"郑学"相对的"王学"。其"一天说"认为，昊天上帝是唯一的天神，五方天帝即木、火、金、水、土五行之神，不过是昊天上帝的佐僚，是辅助天帝化育万物的，可称天佐，但不得称天。西晋建立之初，为对抗曹魏礼制采用郑玄学说，礼制方面大力推行王肃的"一天说"，"以圜丘即郊，五帝即同一天，王肃之说。武帝，肃外孙也，故祀礼从其说"①。清末大儒皮锡瑞也认为，"王肃以晋武帝为其外孙，其学行于晋初。晋初郊庙之礼，皆王肃说，不用郑义"②。

王肃认为只有昊天上帝一个最高神，所以作为祭天的南郊与圜丘，二者实则是同一个地方，两个不同名称而已，即"郊则圜丘，圜丘则郊，犹王城之内与京师，异名而同处"③。主张圜丘

① [宋元] 马端临：《文献通考》卷七十《郊社三》，北京：中华书局，1986，第631页。
② [清] 皮锡瑞：《经学历史》北京：中华书局，1959年，第141页。
③ [东汉] 郑玄注、[唐] 孔颖达等正义：《十三经注疏·礼记正义》卷四十六，北京：中华书局，1980年，第1587页。

有坛，圜丘就是泰坛，且为人力所为。东晋南迁，仍采用南郊祭天，以正月上辛日进行祭祀。王肃的"一天说"在东晋、南朝受到推崇，但为适应政治形势的变化，也发生着相应的改变。

郑玄说和王肃说最大的不同是：郑玄认为南郊与圜丘是位置不同的两个地方，所祭祀的对象不同，祭祀的次数也不同；王肃认为南郊与圜丘实为同一地方的不同名称，祭祀对象为昊天上帝。

由此看来，郑玄、王肃学说祭天差异的形成，源于二人天神观的不同，郑玄的天神系统是"将《月令》到王莽以及纬书的五帝说来了一番综合加工改造，从而创造出一套更为完整的复杂的宗教神学体系"①。郑、王关于郊丘的学说虽然不同之处明显，但二者仍然有共同的思维基础——他们是在同一种宇宙观的前提下探讨天神系统问题的。

二人的学说在魏晋南北朝郊祀礼制的建设中都不同程度地被吸收和采纳，两种学说参与到了纷乱的王朝礼制建设中，从而使纯粹的学说之争

①顾颉刚：《王肃的五帝说及其对于郑玄的感生说与六天说的扫除工作》，《史学论丛》，1935年第2期。

带有浓厚的政治色彩，为政权合法性与正统性发挥着重要作用。郑玄"六天说"的感生帝论隐含着历史循环论，北朝及隋唐受其影响，政权得到稳固并日益强化；而王肃的"一天说"，目标是强化皇权，有益于君主专制统治，但却无法稳定两晋、南朝政治的日益恶化。

郊丘分祀是郑玄"六天说"的直接结果，但在发展过程中，二者的地位发生了变化。中国自魏晋到唐代，郊祀中尤其重视圜丘祀天活动。圜丘祀天，于每年冬至日举行，其规模、仪式不断得到完善，从而对此时期都城的规划和轴线设置产生影响。

自秦汉以后，中国的郊祀制度是以皇帝为中心，形成以儒家五礼为目标的封建祭祀制度。魏晋南北朝以来，随着单一宫城的出现，宫城中心与南郊圜丘的连线成为都城的规划轴线，联系着皇帝与圜丘。圜丘是皇帝受命于天的场所，祭天是皇帝祭祀的最高礼仪，这条轴线突显了圜丘对于皇帝的重要性。南郊圜丘位置的确定对于王朝都城的设计产生了巨大影响。在郑玄"六天说"的影响下，都城周边的东、西、南、北产生了五方帝相应的祭祀场所。至此，以王朝首都为中心，展开了国家的礼仪空间。

第五节　圜丘与都城规划

秦在统一之前有西畤、雍四畤和栎阳畦畤，作为秦国祭天的场所。西汉是郊祀制度发生变革的重要时期，特别是汉成帝时，匡衡提出在长安城南郊筑坛祭天。

匡衡是西汉著名的经学家，年少时因"凿壁偷光"而名满天下。汉元帝时，官至丞相，推广道德教化，弘扬礼让仁和之风。后封乐安侯，辅佐皇帝，总理全国政务。成帝建始元年（前32），丞相匡衡、御史大夫张谭奏议，"作长安南北郊"，这是郊祀制度的萌芽，也是礼崩乐坏之后关于郊祀与都城关系的最初思想火花，然而真正的实施是在王莽时期。

王莽的郊祀改革，将郊祀提升到皇帝祭祀的最高地位，同时提出郊祀的根本意义不在于事天，而在于尽孝，增加祭天中祖先祭祀的要素，最主要的是全面实现匡衡的郊天思想和方案，最终确立了以都城为中心的南北设坛、天地分祭制度。天子在都城南郊筑台祭天的制度，以后为历代王朝所遵循。

汉初全面继承了秦人的畤祭形式。秦人的畤祭是秦国特有的祭天形式，始于秦襄公时期，因秦襄公护送周平王东迁洛邑有功，平王将岐山以西的地区赐给了他并封他为诸侯，秦始建国。于是秦襄公"作西畤，祠白帝"，这是秦祭天的最早历史记载。司马迁认为作为诸侯的秦襄公只能祭祀其域内的名山大川，不能祭祀天地，而秦襄公"作西畤用事上帝，僭端见矣"[1]，故而称其僭越礼制。

祭天是天子的特权，其实在周代已经有所突破，周天子赋予齐、宋、鲁三个诸侯国进行郊祀祭天的权力。春秋战国时代，礼崩乐坏，诸侯多僭越天子之礼，举行郊祀祭天。战国时秦的畤祭是随着秦国的东进而逐渐向东发展，从秦襄公八年（前770）作西畤，到献公十八年（前367）作畦畤于栎阳，共计有六畤：西畤、鄜畤、密畤、吴阳上畤、吴阳下畤、

[1] ［西汉］司马迁：《史记》卷十五《六国年表第三》，北京：中华书局，1959年，第685页。

畤時，秦人畤祭的历史持续达 400 年之久。

2004 年在甘肃礼县发现鸾亭山祭祀遗址，其由山上的祭坛和山下的平台两大部分组成，祭坛平面呈不规则圆形，系人为挖断山脊后形成，坛面自北向南缓降，周缘有汉代的夯土围墙，但不闭合，圆坛距山下的平台高差 8 米。①考古发掘的鸾亭山祭祀遗址满足畤在"高山之下，小山之上"的地形要求，圆坛遗址也符合"筑土为坛"的特点，在圆坛周围也有夯土围墙。一系列的特征与文献记载的畤的形状相符，西北大学梁云教授分析后，认为"鸾亭山遗址应是西畤的一部分"②，为研究畤祭，特别是西畤的形制提供了宝贵的考古资料。

秦始皇统一六国，定都咸阳之后，进行祭祀改革，整合和规范了畤祭，分为两个步骤：首先是"唯雍四畤上帝为尊"，提高以雍城为中心的四畤祭祀规格；其次是"西畤、畦畤祠如其故"，将西畤和畦畤祭祀规格保持不变。雍四畤是指以秦雍城为中心的鄘

① 早期秦文化联合考古队：《2004 年甘肃礼县鸾亭山遗址发掘主要收获》，《中国历史文物》，2005 年第 5 期。
② 梁云：《对鸾亭山祭祀遗址的初步认识》，《中国历史文物》，2005 年第 5 期。

畤、吴阳上畤、吴阳下畤、密畤，以分祭白、青、黄、炎四帝，形成了四畤各祀一帝的格局。

近年在秦国故都雍城遗址西北 12 千米处发现的雍山血池秦汉祭祀遗址，处于雍山浅山地带的山梁与山前台地上，地貌沟壑天然纵横，植被浅草丰茂，遗址区域主要处在呈东西排列、南北走向的三道峁梁及其阳坡上，是由坛、墠、场、道路、建筑、祭祀坑等各类遗迹组合而成的"畤"文化遗存。

考古发掘的遗迹有祭天坛和祭祀坑两类。祭天坛整体为圜丘状夯土台，通高 5.2 米，基座直径 23.5 米，其外围有一道宽 5 米左右的圆状围沟，围沟之外有三重平台，每重平台间形成一定的阶差，平台上有坚实的踩踏面。周边有多条不同方向的、通向祭天台的通道。遗址完全符合畤在"高山之下，小山之上"的地貌，而且具备"封土为坛、除地为场、为坛三垓"的形状和规模。这些特征符合文献记载的秦汉时期的"畤"的条件。

雍山血池遗址的祭祀坑数量多，分布密集，从形状来说，一般是长方形竖穴坑，规模不一。规模较大的长方形竖穴坑较深，四壁及坑底都铺有木板，顶部还有盖板，类似一个超大的木箱子。里面放置祭品，祭品为马和模型单辕车：马一般为幼年马，四匹；车为木质结构，配有青铜构件，制作精巧；部分车侧放置男女玉人、玉琮、玉璜以及模型弓弩、箭镞。有些窄长形竖穴坑内一般为明器化的车、马，还有带龛的窄长形竖穴坑，龛内放置男女玉人、玉琮、玉璜。祭祀坑中的车及其随葬器物明器化特征突出，形体小而制作精巧。牺牲坑以马、牛、羊为主。各类祭祀坑中出土的器物有玉器，如玉人、玉璜、玉琮、玉璋、玉璧残片；青铜车马器，如盖弓帽、车軎、车辖、马衔、马镳、铜环、铜泡、铜管、弩机、铜镞以及小型木车马等专门用于祭祀之物。

汉初高祖继承了秦的畤祭系统，并在雍四畤的基础上增加北畤，祭祀黑帝，配齐了白、青、黄、红、黑五帝，祭坛场所相对完备，这就是汉代著名的汉祭雍五畤。汉武帝听从方士薄忌的意见，在长安东南郊建太一坛，祭祀至上神太一。这是文献中第一次明确记载汉代于国郊建郊坛。

有学者认为，这其实就是后来的圜丘。此时的太一坛（圜丘）建于长安城南郊，虽然未成定制，也没有对都城的规划产生影响，但却是第一次明确了在长安城南郊建坛祭天。[①]汉成帝时，以丞相匡衡为代表的儒臣主张恢复上古礼制，在长安南北郊建坛祭祀天地，废止雍五畤、甘泉太畤和汾阴后土畤。

汉成帝建始元年（前32）十二月作长安南北郊，建始二年（前31）春正月，成帝亲始郊祀长安南郊，虽唯此一次，但意义重大。这是汉成帝时代第一次在长安南郊的亲祀活动。

汉平帝时，王莽改革礼制，以《周官》《礼记》《春秋》等儒家经典为依据，具有浓厚的儒家色彩。王莽改制恢复和完善了以都城长安为中心的南北郊制度；确定了天地分祭、合祭的制度，并确定以祖配祭制度；分祭五帝于长安四郊，实践了《周礼·春官·小宗伯》"兆五帝于四郊"的理论。元始四年（4），王莽在汉长安城南郊建造明堂，地皇二十年（20），又于明堂之西建造宗庙，即王莽九庙，所有这些南郊的礼制建筑群，改变了汉长安城的朝向。

汉长安城的朝向由东向转变为南向，与此同时，轴线也

① 姜波：《汉唐都城礼制建筑研究》，文物出版社，2003年。

由东西向的霸城门到直城门转换到南北向。这是王莽以儒学理论为基础的郊祀体系和宗庙体系的改革所导致的，这一变革对中国古代都城的轴线和规划产生深远影响，皇帝从宫殿到南郊举行亲郊的南北郊路成为都城的中轴线，成为中国皇帝展示礼仪的重要舞台，也成为都城规划的轴线。王莽礼制改革所建立的一套郊坛建置制度和郊祀制度在东汉洛阳城得以真正实践。

光武帝建武元年（25），刘秀称帝，建立东汉，定都洛阳。建武二年（26）正月，"立郊兆于城南"，建郊坛于洛阳城南七里。同时还营建了高庙、社稷等礼制建筑。建武十四年（38）正月，"起南宫前殿"，九月开平城门。

平城门是东汉洛阳城的正门，向北直对南宫的南门朱雀门，连接南宫，是皇帝南郊亲祀时法驾出入的重要通道，地位尊贵。同时，平城门也成为群臣参加南宫前殿朝会的重要通道。朝会和祭天从南门进入，"这个礼制的改变，就使得整个都城布局发生重大变化，从此宫室的南门成为主要门户，南

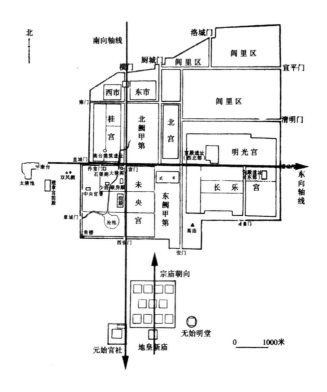

汉长安城轴线东向、南向轴线

（底图据刘庆柱《汉长安城的考古发现及相关问题研究》，第2页）

面的平城门也成为主要城门"①。连接平城门和南郊
的这条南北郊路成为东汉洛阳城的中轴线，是光武帝
有意识提高郊祀地位的结果，这也是中国古代都城有意
识南向布局的开始。

曹魏代汉，以东汉洛阳城为都城。象天设都，
宫殿、城门的命名都与天象相关，宫城正殿称太极
殿，宫城正门称阊阖门，有意识地模仿天上紫微宫
来设计建造都城。太极殿是天上紫微宫的地上象征，
也是都城内的中心点。正对太极殿的宫城正门是阊
阖门，阊阖是紫微宫的宫门名称，太极是天上最高
神太一的居室，都城中的太极殿和阊阖门分别是帝
王宫殿及城门的专有名词。魏明帝建造太极殿是中
国古代都城历史上第一座"建中立极"的宫城正殿，
意义重大。唐长安宫城正殿也称太极殿，是象天设
都思想的延续。

曹魏明帝时在洛阳城南
营建圜丘，北距太极殿遗址
25千米，从太极殿出发到宫
城的阊阖门，沿着铜驼大街

① ［日］佐川英治：《北魏洛
阳城的中轴线及其空间设计
试论》，《中国魏晋南北朝
史学会第九届年会论文集》，
2007年。

到宣阳门，再到圜丘，这条长长的南北郊路，第一次把都城正殿太极殿和南郊的礼制建筑联系起来，一端是天子居住的太极殿，一端是天子受命于天的圜丘，中间是长长的南北郊路，联系着地上天子与天上的昊天上帝。"这时候的中轴线，始发太极殿，南下直达城外的圜丘为其终点。而此刻，亦是城内外一体化构想下一宫制都城设计的完成时间。"①曹魏洛阳城开创了中国古代都城单一宫城的中轴线布局的先河。

北魏迁洛后，以中轴线为基准的思想和方法在洛阳城的外郭城设计和规划中，产生了相当重要的作用。北魏宣武帝时为确定中轴线，放弃委粟山的圜丘，而在伊水北岸重修圜丘。自太极殿至宣阳门的南北大街，进一步延伸到都城外，并越过洛水的永桥，到达伊水北岸圜丘，这样就形成全城中轴线。这条中轴线北自太极殿、阊阖门、铜驼街、宣阳门，出城向南直通圜丘，对洛阳城的规划设计产生深远的影响。

"不仅影响了东西外郭的设计，还影响了沿中轴线的南北方向的外郭的设计。太极殿

① [日] 佐川英治：《汉六朝的郊祀与城市规划》，余欣主编《中古时代的礼仪、宗教与制度》，上海：上海古籍出版社，2012年。

至圜丘之间的都市空间，沿着中轴线被分为四层。第一层，太极殿至宫城正门阊阖门的空间。太极殿对应天上的紫微宫，是地上的中心，这里模拟天上星象布局，是皇帝神圣的空间。第二层是从阊阖门到宣阳门的空间。如沿着铜驼街分布的官衙所显示的那样，这里是辅助国政的官僚空间。第三层是从宣阳门到永桥的空间，这里是布置北魏臣民生活的坊制空间，根据《洛阳伽蓝记》记载，宣阳门外存在过称为"利民里"的里。第四层，永桥至圜丘的空间。"在这个空间，首先，在御道的西侧有四通市，是外国的珍稀物产集聚场所。并在其南挟着御道，东边是四夷馆，西边是四夷里。这里应该是四夷的空间。"[①]

　　隋大兴城、唐长安城直接借鉴了曹魏、北魏洛阳城的规划经验。在规划设计时，把南起明德门，北抵朱雀门和宫城的承天门而达太极宫的这条轴线作为全城的中轴线，向南直达终南山石砭峪，这条轴线不仅是都城规划的轴线，同时也是连接宫城与圜丘的王朝礼仪的轴线。

① ［日］佐川英治：《北魏洛阳城的中轴线及其空间设计试论》，《中国魏晋南北朝史学会第九届年会论文集》，2007 年。

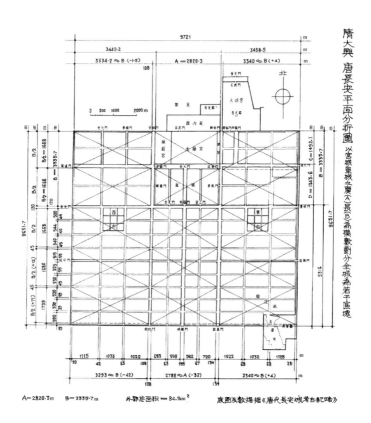

傅熹年先生对隋大兴城、唐长安城的规划分析

第二章

隋唐长安城的营建

长安是隋唐两朝的都城，其规划与营建都渗透着天人长安的宇宙观，彰显着皇权的威严与皇帝的正统地位。

长安的都城空间由宫城、皇城、郭城和禁苑构成，从太极殿向南延伸的都城中轴线，出明德门后向南一直延伸到终南山的石砭峪，这条超长轴线将自然地理特征的标志物引入城市，奠定了隋唐长安城格局的基础形态。长安城是王朝礼仪的舞台，皇帝作为天之子，代表天神治理天下时，就得仿照天道运行，需要得到诸神的福佑与协助。都城长安的内外依据「法天敬祖」理念建立了坛、庙，皇帝以四季月令运行举行祭祀，维系国家与社会的运行，祈求福佑四季平安、风调雨顺。

第一节　隋大兴城的营建

"八川分流绕长安，秦中自古帝王州"，长安所在的关中平原环境优美，沃野千里，成为中国历史上最早有"天府之国"美誉的地方。《史记·货殖列传》记载："关中自汧雍以东至河、华，膏壤沃野千里，自虞夏之贡以为上田。"横贯东西的渭河将平原分隔为渭南和渭北。渭南地处秦岭北麓，区域内河流交织、草木葱茏，其南面有秦岭群山相拥，北面有渭河守护，乃理想的建都之地。渭北地处黄土高原南缘的渭北旱塬，东部有广阔的冲积平原，是关中平原的谷仓地带；战国末年开凿的郑国渠，使关中东部变为灌溉农业区，为秦帝国统一、实现霸业奠定了经济基础，也是历代长安都城粮食稳定补给的重要保证。

隋文帝杨坚虽然不能与历史上的秦皇汉武相媲美，

但却是西方历史学者眼中的英雄，堪称千古一帝，原因在于他成功统一了经历数百年严重分裂的中国。杨坚的父亲是北周八柱国之一、随国公杨忠，北周的开国功臣。杨坚承袭了父亲的爵位，深受皇恩，其长女杨丽华是宇文赟的太子妃。

北周宣帝宇文赟死后，年仅 8 岁的宇文阐即位，史称周静帝。杨坚凭借自己的社会声望、政治才能以及外祖父的身份入朝执政，号称"假黄钺左大丞相"，独揽北周政治、军事大权。公元 581 年，杨坚迫使周静帝下诏宣布禅让，自相府常服入宫，冕十二旒，登上了皇帝宝座，改国号为隋，年号开皇，或为中国历史上有名的隋文帝。隋朝建立，建都北周长安城。

"禅让"是一层合法的外衣，实际是杨坚篡位夺权。但为了标榜君权神授，新皇帝往往通过一些措施显示其正统和权威。通过改造国都的景观、空间布局、规划、礼仪等视觉上的感受，让臣民体会到隋朝政权的正统和权威。隋文帝放弃北周的长安城，另外选址、规划和建设新的都城——大兴城，就是为了体现国家的正统和权威。就这样，一座具有里程碑意义的城市——隋大兴城诞生了。

新都城是隋朝迫切又重要的王朝符号之一。除通过建设新都表现隋王朝的正统与权威，还有其他重要的原因。迁都是星占学家庾季才鼓吹的结果，开皇元年（581），庾季才进言："臣仰观玄象，俯察图记，龟兆允袭，必有迁都。"①所以说，隋文帝决定兴建大兴城，与星占学家的术数思想的影响有一定关系。为此他赐庾季才绢三百段、马两匹，晋爵为公，并让其撰写有关建新城的《地形》等志书。

隋文帝即位的北周长安城，居于龙首原与渭河之间狭小的地带，经常受到渭河泛滥的侵蚀和威胁。这座城自西汉建都以来，历时780年之久，经过历朝的反复改建与重修，城内设施老化，给排水系统遭到破坏，地下水因污染而出现碱卤，无法饮用。加之十六国北朝战乱侵扰，残破不堪以及旧京城的狭小、破败、安全等级低等问题，都是促使隋文帝决心另择址建新都的客观原因。

开皇二年（582），决定兴建新都的隋文帝亲自部署勘察地形地势，并占卜筮测，法天

① [唐] 魏徵：《隋书》卷七十八《庾季才传》，北京：中华书局，1973年，第1766页。

象地，"谋筮从龟，瞻星揆日"。经过一番精心挑选，确定在旧长安城东南的龙首原上建设新的都城。

隋文帝六月下诏，决定新建大兴城，其建都之意，诏书上有明确的阐述："朕只奉上玄，君临万国，属生人之敝，处前代之宫……今之宫室，事近权宜，又非谋筮从龟，瞻星揆日，不足建皇王之邑，合大众所聚……谋新去故，如农望秋。虽暂勌劳，其究安宅。今区宇宁一，阴阳顺序，安安以迁，勿怀胥怨。龙首之山，川原秀丽，卉物滋阜，卜食相土，宜建都邑。定鼎之基永固，无穷之业在斯。公私府宅，规模远近，营构资费，随事条奏。"①

营建都城的任务交由当时刚刚为杨氏营造了宗庙的宇文恺。宇文恺生于西魏恭帝二年（555），字安乐，家族显赫。其父宇文贵，北周时位至柱国，封许国公。两个兄长，长兄宇文善，位至上柱国；二兄宇文忻，位至上柱国，进爵英国公。宇文恺"以功臣子"，3 岁时就赐爵双泉县伯，7 岁时晋封安平郡公。但出身将门的宇文恺却喜好读书。《隋书·宇

① ［唐］魏徵：《隋书》卷一《高祖纪上》，北京：中华书局，1973 年，第 17-18 页。

文恺列传》说，"恺少有器局。家世武将，诸兄并以弓马自达，恺独好学，博览书记，解属文，多伎艺，号为名父公子"。大象二年（580），26 岁的宇文恺被北周宰相杨坚任命为上开府、匠师中大夫。据考证，匠师中大夫属正五品，相当于今天住房和城乡建设部正厅级官员。据此可知，年轻的宇文恺已经在建筑科学和工程管理方面崭露锋芒。开皇二年（582），年仅28 岁的宇文恺因"有巧思"，被隋文帝钦点为营新都副监，另外受钦点的还有高颎、李询、刘龙等人，整个都城规划方案都是由宇文恺主持设计，史载"凡所规画，皆出于恺"。

大兴城的建设顺序是宫城、皇城、外郭城。宫城是大兴城中最重要的空间，最早建成。建造宫城的同时修建了大兴苑。随后进行了皇城的建设以及城内道路、坊市的规划与建设。以上这些工程在隋文帝时期完成了基本框架。外郭城的正式建设，始于隋炀帝大业九年（613）三月，"发丁男十万城大兴"。外郭城的再次修筑已是唐永徽五年（654）三月，这次是大规模的修筑，由工部尚书阎立德负责，雇雍州丁夫四万一千人，用时三十日，版筑长安郭城城墙，东、西、南三面的九座城门上都建有城楼。

隋的新都城大兴城的建造，是从开皇二年（582）六月文帝下诏建造开始，到开皇三年（583）三月完成基本工程，仅用了9个月的时间。当然这短短的时间内，主要建造了大兴城中的大兴宫，还创造性地在宫城南修建了皇城，这是以往都城中所没有的。另外，还修筑了皇家园林大兴苑等。隋文帝在北周时受封爵为大兴郡公，对"大兴"这个名号非常看重，也在新都到处打上"大兴"的印记。新都建设半年后，于开皇二年（582）十二月命名新城为"大兴城"，后来将殿、门、县、园、寺等均以"大兴"命名。开皇三年（583）正月，文帝迁入新都城，大赦天下。

一个伟大的时代来临了。

第二节　大兴城的设计理念

大兴城之所以成为中国古代都城规划的杰作，现代建筑史学家傅熹年经过深入研究，认为这是由于它为文化、技术和天赋相结合的产物。

隋大兴城的实际规划者是宇文恺，主要参加者为刘龙。刘龙是北齐旧臣，曾为后主高纬修铜爵三台，入隋后为将作大匠。他们的文化背景，一是北周，一是北齐，二人合作，把分别由北周、北齐继承并加以发展的北魏文化和关中、中原的技术结合起来，按当时的具体要求进行规划，创造出了中国古代都城规划中的空前杰作。[①]

宇文恺作为大兴城的设计与规划者，也成为学者发掘大兴城规划设计成因的关键。国内外有不少学者研究宇文恺，

[①] 傅熹年主编：《中国古代建筑史》第二卷《两晋、南北朝、隋唐、五代建筑》，北京：中国建筑工业出版社，2001年，第325页。

并给予其很高的评价。

隋文帝确定兴建新都的龙首原，其实是秦岭北麓伸向渭河的诸高岗梁原的统称。东西大体居于浐河、潏河之间，南半部是少陵原、凤栖原等黄土梁原，海拔在500—600米。北半部是东北—西南向的黄土梁与洼地相间分布的地貌，著名的有观音庙洼地、兴庆池洼地、大雁塔黄土梁、乐游原黄土梁等，这些黄土梁海拔在400—450米。最北侧的黄土梁相对高度较大，像龙头高昂，是狭义的龙首原所指。史载"龙首山长六十里，头入渭水，尾达樊川。头高二十丈，尾渐小，高五六丈，土赤不毛。昔有黑龙从山出，饮渭水，其行道因成土山"[1]。龙首原的风水优越，传说是古代黑龙留下的痕迹，是真龙天子的"定鼎之基"。

选择这样的地形作为新建都城之地，不仅有黑龙的传说，还有人为赋予的建造新都的象征意义，宇文恺的规划设计满足了皇帝所要体现的王朝正统、礼仪和政治的所有需要，使大兴城成为"一代之精制"，也成就了他"划时

[1] [北宋] 李昉等撰：《太平御览》卷四十四《地部九·关中蜀汉诸山》"龙首山"条引《辛氏三秦记》，北京：中华书局，1960年，第209页。

代的营造巨匠"的美誉。

28 岁的宇文恺在设计大兴城时，表现出深厚的文化积淀。在熟悉了龙首原的自然地形之后，如何独具匠心地利用山川形势，把大兴城规划与六坡相结合，这是一个营造大师首先要考虑的问题。唐代李吉甫《元和郡县图志》记载："初，隋氏营都，宇文恺以朱雀街南北有六条高坡，为乾卦之象，故以九二置殿以当帝王之居，九三立百司以应君子之数，九五贵位，不欲常人居之，故置玄都观及兴善寺以镇之。"[①]

宇文恺在设计之初，引入中国传统《周易》的乾卦理论，巧妙地将龙首原上六道起伏的高坡与易经乾卦六爻完美结合。易经"乾"卦的乾象征天，六阳爻构成乾卦，为《易经》六十四卦之首，其形状恰与龙首原的"六坡"相一致。这六条东西向横亘的高坡，从北向南按初九、九二、九三、九四、九五、上九九的顺序排列下来，将宫殿、官署、寺庙等各类功能的建筑布置在不同的高坡上。

近年来，根据新的测量技术，在等高线图上，还能看出

① [唐] 李吉甫撰、贺次君点校：《元和郡县图志》卷一《关内道·京兆府》，北京：中华书局，1985 年，第 1–2 页。

这六条高坡的分布，有学者利用等高线图，研究了六坡与长安城建筑的对应关系，并在图上标注了六坡的走向，还进行了文字说明：

"位于长安城内的六条高坡，今天依然清晰可辨。第一条高坡大致从今西安城西北的红庙坡向东去，沿龙首原的南麓穿过自强东路以北的二马路；第二条高坡即今西安城的北墙一线，大致沿400米等高线作东西走向；第三条高坡即今西安城内的东西大街一线，恰好与410米等高线相吻合；第四条高坡大致就是从小雁塔折向东北去的高地；第五条高坡就是今兴善寺公园与草场坡一线作西南—东北走向的高地；第六条高坡就是从大雁塔折向东北去的高地，乐游原和铁炉庙以北的高地都属于它的范围。第六条高坡是六坡地形中地势最高的一坡，像乐游原及其以东的高地均达到450米的高程。"[1]

这种宏观布局的规律对于研究唐长安城十分重要。根据这些高地的分布规律，考古学家继续对长安城内的宫殿、官署、寺观和达官贵人的住宅进行考证，认为"大都分布在宇文恺所安排的六条高

[1] 马正林：《唐长安城总体布局的地理特征》，《历史地理》，1983年第3辑。

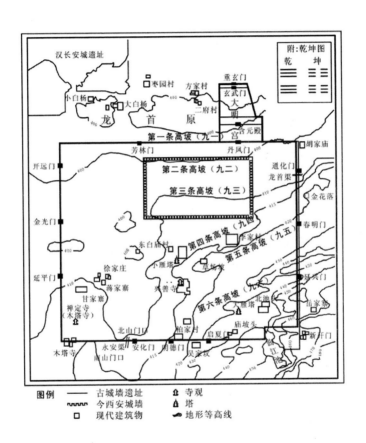

马正林绘《唐长安六坡地形示意图》

坡上，与一般居民区形成了鲜明的对照。这种利用高地布设重要建筑物的特点，既可以表现宏伟壮观，又能增大城市的立体空间"①，这一观点很快在学界引起很大反响。

陕西师范大学的李令福对六坡的走向进行重新订正，画出一幅与实际地形相吻合的《隋唐长安城中的六爻地形示意图》②。

宇文恺既遵从自然地形，又能巧妙借用山川形势营造意匠，在之后的仁寿宫和隋东都城的设计中其发挥到极致。仁寿宫的规划"冠山抗殿""绝壑为池"，东都城的规划是"南直伊阙，北依邙山，左瀍右涧，洛水贯都"，融有形自然于建筑的立体空间中。

著名的长安都市研究学者妹尾达彦在《长安的都市规划》中对长安城的规划设计有精辟的总结。他说隋唐长安城各处都有机地融入了当时的种种传统思想。所建都城应为建在地上的宇宙之镜的天文思想，所建都城应为王朝礼仪之舞台的礼的思想，《周

① 马正林：《唐长安城总体布局的地理特征》，《历史地理》，1983 年第 3 辑。
② 李令福：《隋大兴城的兴建及其对原隰地形的利用》，《陕西师范大学学报（哲学社会科学版）》，2004 年 1 月第 33 卷第 1 期。

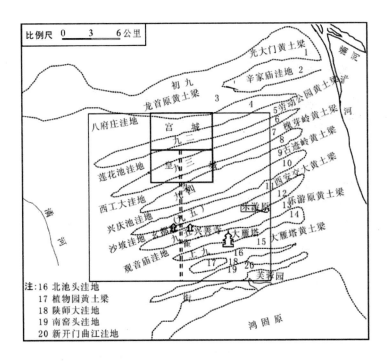

隋唐长安城中的六爻地形示意图

礼》中所载中国古已有之的理想都市范式，阴阳五行思想，《易经》中判定土地是否适合王者居住的风水思想，等等。把影响长安城设计的种种思想进行整合，用一句话来概括，即长安城基本上是在宇宙之都这个概念框架下进行设计的。①

一座新都城的规划设计，重要的是要彰显君主的正统地位，都城的空间秩序是基于君权神授的宇宙观而展开的，这种文化观念渗透到了城市的框架中，"都市规划始于礼仪之需"。它首先是为了使新王朝政治权力正统化而建造的一座规划性城市，是基于当时认识世界的宇宙论而建成的一座承奉天命的宇宙之都。宇宙的构造是天圆地方，天在上，地在下，长安城就是位于圆形的天和方形的地的中心交叉点上，这个交叉点就是隋唐长安城宫城的中央宫殿太极殿（隋大兴殿）的所在。

美国著名学者芮活寿认为："在上古文化观念中，天空是一个等级森严的国度，北极星一带是天球众星环绕的中心，北极星帝为天之中，地

① ［日］妹尾达彦著、高兵兵译：《长安的都市规划》，陕西出版集团、三秦出版社，2012年。

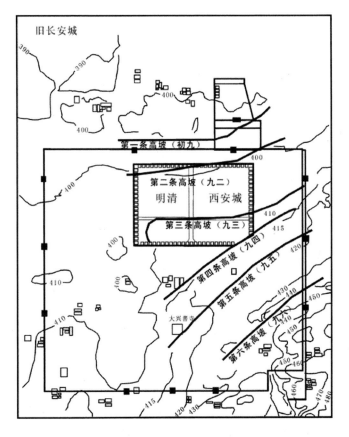

妹尾达彦《长安的都市规划》关于隋唐长安城的规划

上的君主既然代表天意统治世间，也应该择中而居，这样天之中和地之中才能互相沟通，天子才能受命于天，以天地代言人的身份统治世间。"北极星和天子之间的联系，随着北斗信仰的盛行而密切起来。东汉末，北极星信仰越发绝对化，与之对应的，在"建中立极"思想支配下，曹魏的洛阳宫城中第一次将太极殿作为宫城正殿。近年来，在洛阳考古时发现了曹魏时期的太极殿遗址。地上的太极殿与天上以北极星为中心的天帝居所直接相连，长安城的太极殿就意味着代表天帝君临人间的天子的日常居所，直接连接着宇宙的中心。

中国古代都城规划随时代礼制变迁而发生变化。杨宽先生认为，东汉以后，推崇皇权礼制，以南向为尊，都城布局改为坐北朝南。皇帝祭天之礼作为每年举行的重大典礼，规定在国都南郊举行，这是都城布局坐北朝南的原因之一。南郊圜丘祭天是魏晋南北朝各王朝礼仪中最受重视的活动。随着冬至圜丘祭天仪式的不断完善，都城设计规划也发生了改变。太极殿与圜丘的南北连线不仅是王朝的礼仪轴线，也成为都城规划轴线。这条轴线将王朝的礼仪秩序视觉化，皇帝南郊祭天的仪仗，在长安城宽达 147 米的天街上展示着都城礼仪，通过长长的中央南北轴线，从空间上增强了国都长安的礼仪之都的表现效果。

隋大兴城中，宫城、皇城前后相接，居中布局，从宫城太极殿向南，沿着连接宫城的承天门、皇城的朱雀门和郭城的明德门的南北中央大街，形成左右对称的空间布局，祖与社、兴善寺与玄都观、东西两市、咸宁万年两县署、天地日月坛等均围绕轴线展开。作为都城规划的这条轴线，是稳定帝国都城结构平衡的重要轴线。这条轴线向南延伸到终南山的石砭峪，作为都城中有形和无形的分界线，控制着都城的均衡。

长安城的规划，并没有完全按照《周礼》所规定的理想王都范式来设计，而是弘扬其基本精神，依据政治和社会秩序的要求，进行选择性的继承，比如"左祖右社"的布局，更多的是创新与发展；比如"前朝后市"的布局创新，这是顺应时代和城市发展需要做出的改变。吕大防对长安城的建设有精准的评价："隋氏设都，虽不能尽循先王之法，然畦分棋布，闾巷皆中绳墨，坊有墉，墉有门，逋亡奸伪，无所容足，而朝廷官寺，居民市区，不复相参，亦一代之精制也。"①

　　隋唐长安城的设计不仅凝结着规划巨匠宇文恺的巧思奇才，也渗透着中华民族天人合一的宇宙观念、王朝礼仪的政治追求和佛俗共享的社会理想。一座矗立在欧亚大陆东部、天人合一的方形新都城，成为世界佛教文化的中心，也成为民族文化史上的一座丰碑。

① ［元］李好文撰，阎琦、李福标、姚敏杰点校：《长安志》，西安：三秦出版社，2013 年。

第三节 唐长安城的营建

隋大兴城的建设，与其说是隋王朝蓬勃发展的空间需求，还不如说是新兴政权正统化的政治需求。都城象天设都，先确定宫城的几何中心，再确定宫城、皇城、郭城及中轴线等要素，最后确定修建顺序，先宫城，再皇城及宗庙社稷，最后是郭城和东、西市。

唐初，几乎原封不动地继承了隋都大兴城的城郭结构，将其改名为长安城，更改大兴宫为太极宫、大兴殿为太极殿；宫城正门昭阳门改为承天门，郭城正门太阳门改为明德门；还有像街道、市、坊的名称的更改。这些宫、殿、门名称的更改宣示了新王朝的合法与正统，宫名、殿名等都蕴含着天人合一的宇宙之都的属性，有学者认为长安城开启了"东亚的都城时代"。

隋唐长安城的规划设计，创造性地融入天文、阴阳和中国传统礼制，巧妙地将国家礼仪的无形轴线与长安城的有形轴线融合为一。这条从长安城太极殿向南延伸的天门大街，即连接了宫城的承天门、皇城的朱雀门和郭城的明德门的南北大街，正是南郊圜丘祭天的礼仪轴线和舞台。隋唐长安城在规划设计时，就把通往圜丘的礼仪线作为城市的轴线来考虑，将天上的宇宙秩序与地上的人间秩序相对应，极力强调天地人合一、君主至上的理念。

隋唐长安城由宫城、皇城、郭城和禁苑四部分组成，全城以南北向的朱雀大街为中轴线，东西对称布局。宫城、皇城和郭城三重城的格局是首创，宫城居北，皇城在南，宫城皇城东西之宽、南北之广构成都城设计的模数。从太极殿向南延伸的都城中轴线出明德门后仍向南一直延伸到终南山的石砭峪，成为一条超长轴线，据学者研究，它对应着天上的子午线，是将自然地理特征的标志物引入城市，达到天人合一的境界，从而奠定了隋唐长安城城市格局的基础形态。

"古今重叠型城市"是中国许多城市的基本形态，这就意味着城市延续时间长，出现所谓"城摞城"的现象，每一时期的城市都是历史的延续，西安就是典型的古今重叠型城市。这类城市往往仍是重要的政治、经济中心，至今还发挥着重要作用，而城市发展势必会对古代城市遗迹造成严重破坏。

隋唐长安城的考古工作始于 20 世纪 50 年代，目标是了解城址整体形制布局，为城市研究提供科学的资料。

宫城　四面由城墙围合，平面长方形。《唐两京城坊考》记载，宫城"东西四里，南北二里二百七十步[①]，周一十三里一百八十步，崇三丈五尺"[②]。考古勘探发现，宫城城墙夯筑，基础保存完好。宫城东西为 2820.3米，南北为 1492.1 米。宫城以太极宫为中心，东面是皇太子的东宫，西面是皇后的掖庭宫。太极宫实测东西为 1285 米，南北长 1492.1 米。太极宫内有太极殿、两仪殿和甘露殿三殿。东宫是皇太子之宫，实测东西为 832.8 米。掖庭宫是皇后与宫女所居之宫，实测东西为 702.5 米。

隋代宫城以大兴宫为核心，

①唐代一尺约合 0.294 米，一步合 1.47 米，一丈等于十尺合 29.4 米。后文提到相关计量单位，换算同此。
②[清]徐松撰、张穆校补：《唐两京城坊考》，北京：中华书局，1985 年，第 1 页。

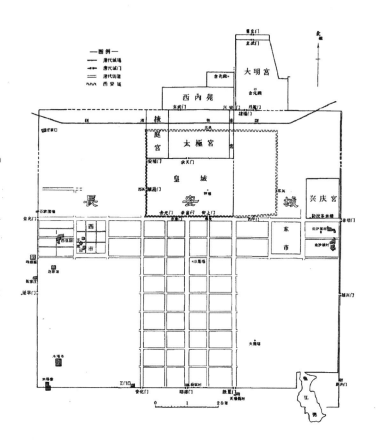

唐长安城探测复原图

唐代时宫城形成三内，即西内太极宫、东内大明宫和南内兴庆宫，是唐代不同时期的政治中枢。东内大明宫始建于高宗时期，直到肃宗时才成为政治活动的中心。文献对大明宫的布局有很详细的记载，大明宫的南北中轴线为：丹凤门—含元殿—宣政殿—紫宸殿，并以此线为中心，形成外朝、中朝、内朝三个空间。中轴线上的3座宫殿是唐代皇帝与官员进行国家政治、礼仪等活动的主要场所。南内兴庆宫，就是现在的兴庆宫公园，是玄宗的龙兴之地，在开元、天宝年间成为政治中心。杜甫有"花萼夹城通御气"的诗句，就是描写从兴庆宫到大明宫和曲江池都有夹城相通。这里曾演绎了唐明皇与杨贵妃的"在天愿作比翼鸟，在地愿为连理枝"的凄婉爱情故事。考古发掘了兴庆宫的勤政务本楼、花萼相辉楼，兴庆宫内还有兴庆殿、南熏殿、大同殿、沉香亭等建筑物，宫内南部为龙池。

皇城 在宫城之南，与宫城以横街相隔。皇城的出现，是隋唐长安城的创举，也是隋文帝的新意使然，其目的是保证皇帝和宫城的安全。"自两汉以后，至于宋齐梁陈，并有人家在宫阙之间，隋文帝以为不便于民，于是，皇城之内，唯列府寺，不使杂人居止，公私有便，风俗齐肃，实隋文新意也！"[1]

皇城内布置中央官署和左祖右社等礼仪设施。文献记载，"东西五里一百一十五步，南北三里一百四十步"。平面长方形，实测东西为 2820.3 米，南北为 1843.6 米。皇城共七门，南面三门，中为朱雀门，东为安上门，西为含光门。东、西各二门，东面二门为延喜门和景风门；西面二门为安福门和顺义门。仅含光门遗址经科学考古发掘，为一门三道过梁式结构。宫城和皇城间的横街，文献记载宽达三百步，勘探实测宽达 220 米以上。

郭城 主要是里坊区。文献记载，"东西一十八里一百一十五步，南北一十五里一百七十五步，周六十七里，其崇一丈八尺"。平面长方形，实测东西为 9721 米，南北为 8651.7 米。外郭城的东、南、西各开三门，除明德门为五门道外，其余皆为三门道结构。

郭城内南北向九条街道，东西向十二条街道，各街道宽度不同。最宽的街道就是中轴线位置的朱雀大街，宽150—155 米。道路两旁植有槐

① ［北宋］宋敏求：《长安志》，《宋元方志丛刊》，北京：中华书局，1990 年，第 107 页。

树，夏天时树荫遮天蔽日，成为长安一道靓丽的风景线。道路作为城市的骨干和框架，把郭城分隔成长方形或正方形的里坊。

里坊的规整布局也是长安城的特色，白居易曾赞叹这种布局为"百千家似围棋局，十二街如种菜畦"。唐长安城有108坊，分布在宫城和皇城的东、西、南三面，里坊四周有坊墙围合，坊内有大、小十字街。考古发现，里坊内的街道宽度不尽相同。永宁坊的十字街道宽15米，井字巷道宽2米；安定坊的十字街道宽20米，井字巷道的东西街宽6米，南北街宽5米。

唐长安城里坊分布有一定规律，也被赋予了象征意义。其中宫城和皇城东西向各布置3坊，南北向布置13坊，共78坊，这种布局象征一年十二个月再加上闰月；皇城之南，与皇城同宽，东西布置4坊，南北布置9坊，共36坊，这种布局象征春、夏、秋、冬四季。坊象征《周礼》的王城九逵。这些说法到底是巧合还是附会，已经无法说清。以朱雀门大街为界，形成街东区、街西区，各规划55坊。曲江池在城的东南隅，据说为压胜居于东南建康的南朝陈而专门"凿之为池"，"不为居人坊巷”，占两坊之地。

　　长安城形成“东贵西富”的布局，街东多为达官贵人的宅邸，崇仁坊有公主的宅第，也有长安城内最大规模的旅馆街。东市、崇仁坊和平康坊构成长安城的繁华地段。特别是平康坊东北的北里，是长安城的烟花之地，当时的名妓杨妙儿、王团儿、王苏苏等就住在此处，闻香知归途的少年才子，风流薮泽此坊，留下了脍炙人口的传奇故事。

　　唐长安城有世界顶级“商务区”——东市、西市。东市，在今天西安交通大学一带；西市，就是今天大唐西市的位置，不过现在的西市只是唐代西市的一部分。西市是唐长安城内国际性的贸易市场，有来自丝绸之路上各国的珠宝、香料、药物等，也有中国的茶叶、丝绸和瓷器等。考古勘查发现，西市平面呈长方形，占两坊之地，四周有墙围合，南北为 1031 米，东西为 927 米。市内发现井字形街道四条，街道两端开门。四条井字形街道将市内分隔成九区，各区都临街设铺。其中南北向二街间距 309 米，东西向二街间距 327 米。在市的围墙内还有四条顺街，宽 14 米。考古实测显示，西市的

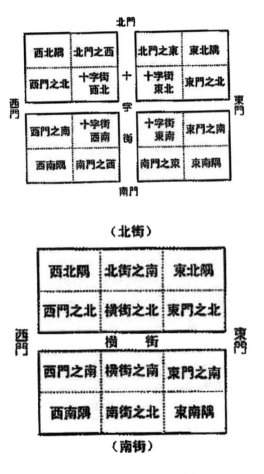

唐长安城东西里坊（局部）

围墙宽 4 米，市内街道宽 16—18 米，由车马道、排水明沟和人行道组成。人行道在排水沟与商铺间，宽 1 米。车马道宽 14 米，排水明沟位于车马道两侧，宽 0.3 米。政府在市内设置有专门的管理机构——市局与平准局。市内九区内皆可临街开店铺，也可临路开店。

禁苑 隋代称大兴苑。隋大兴城宫城位于全城中央北部，宫城北墙与郭城北墙重合，大兴苑是为了宫城的防御而修筑的。唐代继承了隋的大兴苑并改称禁苑，高宗在龙朔三年（663）重修大明宫时，使得禁苑发生改变，形成唐代三苑（禁苑、东内苑、西内苑）的格局。但仍在军事防卫上继续发挥其重要作用，特别是驻扎在禁苑内的北门禁军，使其成为宫廷政变的关键之地。唐武德九年（626）六月四日，秦王李世民伏兵玄武门，发动著名的玄武门之变，射杀了皇太子李建成，取得帝位。陈寅恪认为，"太宗之所以得胜，建成、元吉之所以致败，俱由一得以兵据玄武门即宫城之北门，一得以兵入玄武门故也"[1]。

《长安志》记载禁苑的范围为："东接灞水，西接汉

① 陈寅恪：《陈寅恪集：唐代政治史述论稿·中篇》，北京：三联书店，2001 年，第 241 页。

长安故城，南连京城，北枕渭水，东西二十七里，南北三十三里，周长一百二十里。"①把旧长安城囊括于大兴苑中，是大兴苑的最大特色。禁苑四面共有十门，设置有隶属司农寺的四面监进行专门管理，南为长乐监，北为旧宅监，还有东监、西监，分□中种植及修葺园苑等事。禁苑内的建筑类型有宫、殿、亭、池、园等。禁苑南面是唐玄宗李隆基创办的梨园。唐代大明宫被禁苑包围，其东、西两侧是东内苑和西内苑。西内苑

含光殿石志拓本

的含光殿基址曾发现一块刻有"含光殿及毬场等，大唐大和辛亥岁乙未月建"的志石，似乎展现了含光殿毬场上那些皇子策马扬杆击球的矫健身姿。皇家狩猎是禁苑所具备的功能之一，狩猎场所主要集中在汉长安城的咸宜宫和未央宫一带。

①［元］骆天骧撰、黄永年点校:《类编长安志》，中华书局: 1990年，第79—80页。

第四节　长安城礼制建筑系统

宇文恺在规划隋大兴城时，以《周礼·考工记·匠人营国》的营建模式为思想基础，结合"法天象地""天人合一""阴阳五行""周易·风水"等传统哲学理念，丰富和完善了长安城的礼制营造。"国家祭祀以都城的建立为标志。唐代国家祭祀表现在长安城规划与建设阶段，都遵循了儒教的天之理论。"[1]唐长安城依据天道运行和四季周期循环，都城空间内外形成完善的都城祭祀体系。内有太庙、社稷、太学等场所，外有日月星辰、风雨雷电等神灵祭祀场所，这些人格化自然诸神的祭祀是隋唐国家祭祀的重要一环。

在天圆地方宇宙观影响下进行设计建造的长安城，就处在天地中心的交叉点，长安城

[1] 黄佛君、段汉明、张常桦：《古代国家都城祭祀体系与空间模式——以唐长安为例》，《人文地理》，2012年第1期总第123期。

的空间和建筑都是天上诸空间和神灵的投射。长安城的郭城城墙实则是天地的分界线，城内形成天圆地方之地，其中心是太极殿（隋大兴殿）的中心，是天子的宫殿，其南侧的皇城里依据"法天敬祖""左祖右社"原则建设了宗庙和社稷两大祭祀场所。郭城外，就阳位设立了祭祀天之最高神——昊天上帝的圜丘。从太极殿中心向南延伸的都城中轴线连接了宫殿和南郊圜丘，形成了天与地的连接。皇帝作为天之子，穿梭在这条天地连接线上，成为天人合一的载体与象征。

皇帝作为天之子，代表天神治理天下时，就得仿照天道运行，需要得到诸神的福佑与协助，所以在郭城四郊设立祭祀天神的祭坛便是十分必要的。于是都城长安的东、西、南、北郊都建立了祭坛，每个方位都有相对应的神祇，按照四季进行祭祀，以福佑四季平安、风调雨顺。

长安城作为当时人们认为的"宇宙之都"，意味着将天上的秩序投射到地上，按天道运行和阴阳五行思想，在长安城的东、西、南、北四方相应地设置祭祀日月星辰、风雨雷电、先农、先蚕、夜明、马祖等神灵的祭坛，日月星辰和风雨雷电的祭祀，基本上都是配祭于郊。通过在这些祭坛的祭祀，人们祈求都城长安的四方八极在一年四季的轮回中风调雨顺，政通人和，天子治理天下顺遂，人间天道运行顺畅。南郊设立有黄帝、赤帝、蜡百神、雩的祭坛，北郊设立黑帝、神州、方丘和四司（司中、司命、司人、司禄）、先蚕的祭坛，东郊设立青帝、日、风师、九宫贵神、先农的祭坛，西郊设立白帝、月、雨师、马祖、夜明的祭坛。

下面，简要地介绍几座隋唐长安城周边的坛类礼制建筑。

朝日夕月坛 朝日坛在大兴城东郊春明门外，为方坛，高八尺，广四丈。每岁春分之日行朝日礼。夕月坛在大兴城西郊开远门外，方形坎中设方坛，坎深三尺，广四丈，坛高一尺，广四尺。每岁秋分之日行夕月礼。四司坛位于大兴城北郊偏西处，每岁立冬后亥日行礼，包括司中、司命、司人、司禄四坛，其中司中、司命、司禄三坛共处一院，坛皆高三尺，周以围墙。

风师坛 坛高三尺。位于大兴城东郊通化门外，每岁立春后丑日行礼。

雨师坛 坛高三尺。位于大兴城西郊金光门外，每岁立夏后申日行礼。

五郊坛 五郊迎气时的祭祀场所，天子每逢立春、立夏、立秋、立冬，分别前往都城东、南、西、北郊兆，祭祀与节气对应的神灵，各郊坛分别有相应的配祀和从祀神灵。唐代五郊坛分别是：立春日于青郊坛祀青帝灵威仰，坛广四丈，高八尺，位于春明门外道北一里半处；立夏日于赤郊坛祀赤帝赤熛怒，坛广四丈，高七尺，位于明德门外道西二里处；立秋之日于白郊坛祀白帝白招矩，坛广四丈，高九尺，位于开远门外道南一里处；立冬之日于黑郊坛祀黑帝叶光纪，坛广四丈，高六尺，位于光化门外道西二里处；立夏之日于黄郊坛祀黄帝含枢纽，坛广四丈，高五尺，位于安化门外道西一里半处。唐代五郊坛的祭祀，按五方—五时—五方帝—五人帝—五神的对应关系进行。

九宫贵神坛 唐玄宗天宝年间在东郊设立的祭祀九宫贵神的祭坛，位于春明门外道北一里半、朝日坛的东侧。据《大唐郊祀录·祀九宫贵神》记载，"坛制三成，成高三尺，四陛，其上依次位置置小坛，九阶，高尺五寸，纵广八尺。东南曰招摇，正东曰轩辕，东北曰太阴，正南曰天一，中央曰天符，正北曰太一，西南曰摄提，正西曰咸池，西北曰青龙，又西南为一陛，曰坤道人门，凡行事升降必由此焉，右藉神席以莱秸，今并加以裀褥，各如其坛之色"[1]，每岁四孟月祭九宫贵神。

这类祭坛建筑形成完备的都城礼制建筑系统，是都城的重要组成部分。这些祭坛形成了隋唐完善的天、地、人的国家祭祀体系，服务于天子治理的天下之国。

下页名为《唐代皇帝礼仪舞台》的图上，标注着唐长安城的礼制建筑分布和祭祀时间，比较重要的建筑有：皇城内有太庙、社稷；郭城外有明德门东的圜丘、城北十四里的方丘、春明门外的日坛、开远门外的月坛等。另，在长安城内外还星罗棋布着一些小的庙坛建筑，有太乙坛、先农坛、百神坛、黄帝坛、赤帝坛、白帝坛、黑帝坛、青帝坛、九宫贵神坛、灵星坛等。

都城的祭祀空间以郭城城墙分为内外空间和系统，郭城外空间成为天道循环的外祭系统，其中以南郊圜丘祭祀最高神——昊天上帝为核心，

[1]［唐］王泾：《大唐郊祀录》卷一《大唐开元礼——附〈大唐郊祀录〉》，北京：民族出版社，2000年，第771页。

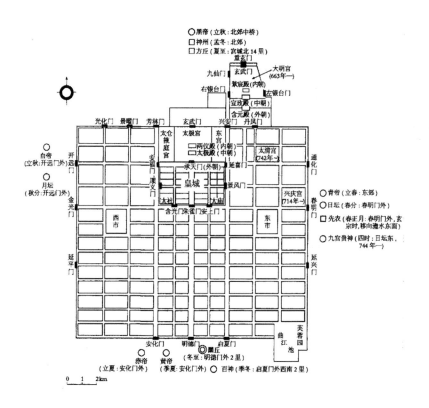

唐代皇帝礼仪舞台

四季轮回，周而复始。郭城内空间以皇城为重心，形成了祭祀宗庙、社稷的内祭系统。

圜丘祭祀的程序是皇帝自太极殿出宫，荐享太庙之后，再至南郊圜丘祭祀昊天上帝，从而巧妙地将内外祭祀系统连接起来，实现天地意志的循环，达到天人合一。所以隋唐长安城的宫城、皇城、郭城的空间构造，既是神圣的空间，也是统治天下的中心。天子代表上天统治天下，又是治理人间的皇帝，双重身份决定了都城的行政和精神的双重性。

"凡治人之道，莫急于礼；礼有五经，莫重于祭。"①古代中国以祭祀为国家大事，并通过皇帝的祭祀而上升为国家祭祀。唐代国家祭祀的这些坛类礼制建筑，就成为国家礼仪的舞台。在这个舞台上，皇帝以天子的身份祭祀天地诸神，如在圜丘举行祭祀昊天上帝的郊祀礼，还有以皇帝身份在宫城太极殿举行的种种国家礼仪。每年在城内外定期举行的各种礼仪，可以说使长安城成了天地诸神共同守护的宇宙中心地。

① ［东汉］郑玄注、［唐］孔颖达等正义：《十三经注疏·礼记正义》卷四十九，北京：中华书局，1980年，第967页。

第三章

圜丘的修建与祭祀

圜丘是根据儒家宇宙观而建设的祭祀天神的礼制建筑。圜丘祭天起源于西周，祭祀形式是向天神敬献酒食。祭天的圜丘坛，是根据天圆地方观念创造出来的，形制特点是圆形、高台、无屋。圜丘祭祀的神祇，主祀昊天上帝，从祀五方帝、日、月、星辰等。圜丘是中国古代郊祀制度的重要场所，位于都城南郊。汉成帝时，在长安城南郊修建圜丘，开创了都城南郊祭天的先河。汉代以来的郊丘之辩，表面上是南郊与圜丘位置之争，实则是郑玄的「六天说」与王肃的「一天说」祀学之争。北朝至隋唐在郑玄『六天说』的影响下，出现南郊与圜丘并立的局面。唐高宗时，废止南郊，而圜丘祭天成为唯一，反映了皇权绝对化的政治诉求。考古发掘的隋唐圜丘与文献记载的隋唐圜丘的坛壝形制基本相同。

第一节　圜丘祭祀的渊源

"五礼"是魏晋以来形成的国家礼仪体系，包括吉、凶、宾、军、嘉。圜丘祭天是吉礼最核心的礼仪，吉礼是官方礼仪，包括祭祀天地宇宙以及皇族祖先的制度性礼仪。吉礼以南郊的圜丘祭祀为首。祭天代表国家形象和皇帝权威，其目的是"报本克禋，顺时修祭"[1]，以求得天神与祖宗福佑，达到天人合一、长治久安、国运昌隆。

"天者，百神之君，王者所由受命也。自古继统之主，必有郊配之义。盖以敬天命、报所受也。"[2]祀天，又称祭天，是皇帝通过祭祀大典，向天帝享献，祈求天佑平安，祈福风调雨顺、国泰民安。

[1]［清］董浩编撰：《全唐文》卷七三一《贾餗：至日圜丘祀昊天上帝赋》，北京：中华书局，1983年第7535页。

[2]［清］董浩编撰：《全唐文》卷二九零《张九龄：请郊见上帝议》，北京：中华书局，1983年，第2940页。

这是历代帝王祭祀典礼中最庄严最隆重的活动。古人认为祭祀天地可以使国运昌盛，《周礼·春官·宗伯第三》："大宗伯之职，掌建邦之天神、人鬼、地祇之礼，以佐王建保邦国。"还有利于治理国家、统治天下。《礼记·礼运》："故圣人参于天地，并于鬼神，以施政也。"祭祀昊天上帝，通常在圜丘、雩坛和明堂等地举行。

郊祀是古代特有的维护政权合法性的祭天祈福活动，圜丘祭天是郊祀的核心，圜丘祭天所祀的神祇，主祀昊天上帝，从祀五方帝、日、月、星辰等。"所谓昊天上帝者，盖元气广大，则称昊天，据远视之，苍苍然，则称苍天。人之所尊，莫于帝，托之于天，故称上帝。"圜丘坛，所谓坛，就是高台、无屋，"圜"通"圆"，它的形制是根据古代对天的理解而创造出来的象征性建筑。天圆地方是中国古人对宇宙的认识，所以祭天在南郊圜丘，祭地在北郊方泽。祭天的圜丘采用圆形。

圜丘祭天形成于西周时期，是《周礼》的一大发明。周天子祭天是在每年的冬至日，这一天，周天子在圜丘祭告上天。其祭天方式为："冬日至，于地上之圜丘奏之，若乐六变，则天神皆降，可得而祀矣。"

在国都的南郊圜丘祭天，目的是为"就阳位"。圜丘祀天在郊外进行，所以通称为郊祀。周代，祭天是很隆重的事情，即使天子遭遇父母之丧，仍不敢放弃对天、地、社稷等的祭祀，这就是著名的"丧不废祭"。周代圜丘祭天礼仪，主要的祭祀形式是向天神敬献酒食。《周礼》中的祭天程序基本被后世沿袭采用，其中有不同程度的损益。春秋战国时期，诸侯纷争，战乱不息，生灵涂炭，于是礼崩乐坏。秦襄公始建国，开创独有的祭天方式——時祭，历代国君都很重视，多处建時，频繁祭祀，实行三年一郊之礼，在冬十月的岁首举行。从西時至畦時，一直延续至秦始皇吞并六国。

汉承秦制，西汉初期沿用秦的祭祀形式。汉高祖继承時祭，增加北時，把雍四時变成五時。西汉初期，時祭成为祭天的重要形式。汉武帝时，恢复儒家礼制，在甘泉因山建立泰時来祭天。汉成帝时期是西汉祭天礼制变化的重要时期。建始元年（前32），丞相匡衡等人建议在长安城南修建圜丘，第二年（前31）"上始郊祀长安南郊"，开创了都城南郊祭天的先河。

东汉始建国，光武帝建武二年（26）就在洛阳城南

距离平城门七里的南郊筑圜丘，圜坛分上、下两层，八
陛，坛外有两重围墙。魏明帝在洛阳南郊委粟山营建圜
丘。西晋末年，爆发永嘉之乱，衣冠南渡，东晋建立，
偏安于江南的中原士族怀念中原故土，东晋司马氏为凝
聚人心，频繁祭天，制度仍依汉晋旧制。南北朝时，圜
丘祭天受到高度重视，呈现出南北对峙的局面。南朝遵
循王肃的"一天说"，梁、陈则仅立南郊，祀天皇上帝。
南郊坛分上、下两层，坛外有壝。皇帝厉行亲祭，特别
是梁朝，受佛教影响，祭天不用牺牲，改为果蔬。

北朝采用郑玄的学说，圜丘和南郊并立。北魏孝文
帝迁洛后，于太和十九年（495）在委粟山筑圜丘祭天，
宣武帝景明二年（501）改筑圜丘于伊水北岸。北齐、
北周分立圜丘、南郊，圜丘祀昊天上帝，南郊祀感生帝。
北齐圜丘三层，上、中两层四陛，下层八陛，坛外有三
壝，坛高4.5丈。北周时圜丘也是三层，层高1.2丈，
上层坛径6丈，各层均为十二陛，每层陛有十二个台阶。
坛外有二壝，圜壝径三百步，内壝半之。

隋唐延续了北朝圜丘、南郊并立状态。隋朝建立之
初，文帝命令辛彦之在大兴城南郊、太阳门外道东二里

修筑圜丘，在太阳门外道西一里建南郊。圜丘四层，各层十二陛。各层径长依次为 20 丈、15 丈、10 丈、5 丈，均为 5 的倍数，依次递减，规律布置，坛外三壝。唐代继承隋代，因而不改祭天形式。高宗时，废止南郊，而圜丘祭天成为唯一，是皇权绝对化的政治诉求的反映。

圜丘祀天礼仪是国家礼制典章的重要内容，也是国家重点编修的礼典。从《周礼》开始，各朝编修的礼制文献浩如烟海，其中记录圜丘祀天礼仪、圜丘祭祀的运作执行以及关于圜丘祭祀论争的文献也很丰富。在存世的礼典文献中，关于隋唐圜丘祀天的典章制度在《隋书》《大唐开元礼》《唐会要》《大唐郊祀录》《旧唐书》《新唐书》《通典》《文献通考》等文献中都有记载。通过这些文献，我们可以了解到隋唐圜丘的位置、形状、祭祀种类和祭礼仪程等。

唐代的圜丘祀天分为皇帝亲自施行的"亲祀"和委托官员施行的"有司摄事"两种。唐代圜丘祀天有特指和泛指两种。特指是指冬至日皇帝亲祀昊天上帝的礼仪活动；泛指包括冬至日、正月上辛祈谷和孟夏雩祀在内的所有在圜丘举行的祭天活动，它们的礼仪程序基本和皇帝亲祀昊天上帝的相同，所以可以统称为圜丘祀天。

下面简要介绍唐代有关国家礼仪典章的重要文献《大唐开元礼》和《大唐郊祀录》，以帮助读者大体了解唐代圜丘的相关形制、礼仪等制度。

《大唐开元礼》中涉及圜丘祭祀的内容主要集中在卷四至卷九。编排就是按两类、三个时间段进行的，其中皇帝"亲祀"分别在卷四、六、八，"有司摄事"分别在卷五、七、九。以卷四"皇帝冬至祀圜丘"为例，其内容是按祭天礼仪的程序，即斋戒、陈设、省牲器、銮驾出宫、奠玉帛、进熟、銮驾还宫七项内容，对冬至祭祀昊天上帝的八天的日程进行完整描述。

《大唐郊祀录》成书于唐德宗贞元九年（793），太常礼院修撰王泾"考次历代郊庙沿革之制及其工歌祝号，而图其坛屋陟降之序"[1]，共十卷，这是继《大唐开元礼》之后，有关唐代礼制的重要文献。[2]

《大唐郊祀录》认为圜丘祭天是很古老的礼仪活动，古人很早就认为"天圆

[1]〔宋〕欧阳修、宋祁撰：《新唐书》卷十一《礼乐志一》，北京：中华书局，1975年，第309页。
[2]〔唐〕王泾：《大唐郊祀录》卷一，《大唐开元礼——附大唐郊祀录》，北京：民族出版社，2000年，第728页。

地方"，所以最初选取自然的圆形高台来祭天，地点
选在郊。祭祀的时间是在冬至日，扫地而祭，祭祀方
式朴素而简洁。

《大唐郊祀录》中详细记载了唐代圜丘的位置以
及隋唐圜丘的沿革："其圆丘长安在明德门外东南二
里……案：晋大兴中，贺循上郊坛制度曰：'古之王
者扫地而祭。汉武祭甘泉大畤，因山为坛。建武二年，
定郊兆于洛阳郊，圆坛八陛，于宫南七里。'梁南郊
为圆坛，在国之南，高二丈七尺，上径十一丈，下径
十八丈。陈制坛高二丈二尺五寸，广十丈。后魏咸兴
十二年，筑圆丘于南郊。十八年，改委粟山为南郊。
二十年，又改圆丘于伊水之阳。北齐制圆丘在国南郊，
丘之下广轮二百七十尺，上广轮四十六尺，高四十五尺。
三成，成高十五尺。上、中二级四面各一陛，下级方
维八陛，周以三壝。成，犹重也。后周司量为坛之制，
圆丘三成，成崇一丈二尺，深二丈，径六丈。十有二陛，
每等十有二节，在国阳七里之郊。圆壝径三百步，内
壝半之。至隋文帝，令辛彦之为圆丘于国之南太阳门
外道东二里。其丘四成，各高八尺一寸。下成广二十丈，

再成广十五丈，三成广十丈，四成广五丈。皇唐受命，因而不改也。"①

《大唐郊祀录》还记载了冬至圜丘祀天的主神与从祀诸神的数量及位置："一曰冬至祀昊天上帝于圜丘，以太祖景皇帝配坐。其从祀之神总六百八十七座。坛之第一等祀东方青帝灵威仰于寅陛之南，南方赤帝赤熛怒于巳陛之西，中央黄帝含枢纽于午陛之西，西方白帝白招矩于申陛之北，北方黑帝叶光纪于亥陛之东，大明于卯陛之南，夜明于酉陛之北。坛之第二等，祀天皇大帝、北斗、天一、太一、紫微五帝座并差在前。余内官诸座及五星、十二辰、河汉，都四十九座齐列，俱在十二陛间。坛之第三等、第四等及院墙内外还有诸神云云。"②

---

① [唐] 王泾：《大唐郊祀录》卷四 "冬至祀昊天上帝" 条，《大唐开元礼——附大唐郊祀录》，北京：民族出版社，2000 年，第 757–758 页。
② [唐] 王泾：《大唐郊祀录》卷四 "冬至祀昊天上帝" 条，《大唐开元礼——附大唐郊祀录》，北京：民族出版社，2000 年，第 756–757 页。

大唐郊祀录书影

第二节 圜丘祭祀的形制与沿革

大定元年（581）二月，在周静帝三下禅让诏书、百官的不断劝进中，身着黄袍的杨坚迈出丞相府，在浩荡的仪仗队伍的簇拥下进入皇宫，在临光殿即皇帝位。随即，设坛于南郊，并遣使柴燎告天，宣告隋朝建立。

隋文帝即位时告天的南郊坛，应该是在北周长安城南五里的南郊，按照北周的方式进行，祭法为燔燎，祀神为感生帝灵威仰，祖配为献侯莫那。

北周时南郊和圜丘是分立的。南郊，《隋书·礼仪志一》记载，"南郊为方坛于国南五里，其崇一丈二尺，其广四丈。其壝方百二十步，内壝半之"①。圜丘，《隋书·礼

① ［唐］魏徵：《隋书》卷六《礼仪志一》，北京：中华书局，1973年，第115页。

仪志一》记载，"后周宪章姬周，祭祀之式，多依《仪礼》。司量掌为坛之制，圆丘三成，成崇一丈二尺，深二丈。上径六丈，十有二阶，每等十有二节。在国阳七里之郊。圆壝径三百步，内壝半之"①。主持圜丘发掘的安家瑶推定隋唐圜丘十二陛即承用北周旧制。②

开皇三年（583），随着新都大兴城的建成，相应的礼制建筑也建成了。《隋书·礼仪志一》记载："高祖受命，欲新制度。乃命国子祭酒辛彦之议定祀典。为圆丘于国之南，太阳门外道东二里。"③

辛彦之在隋朝初任太常少卿，改任城郡公。随后调任国子祭酒，在此期间，高祖就将大兴城各种礼制建筑的议定交给他来完成。大兴城的圜丘就是在他任国子祭酒时确定的。

隋大兴城的圜丘始建与建成年代，文献都没有明确记载。一般认为是开皇十年（590）建成①。开皇九年（589）

① [唐]魏徵撰：《隋书》卷六《礼仪志一》，北京：中华书局，1973年，第115页。
② 安家瑶：《唐长安城的圜丘及其源流》，见《21世纪中国考古学与世界考古学》，北京：中国社会科学出版社，2002年，第510页。
③ [唐]魏徵撰：《隋书》卷六《礼仪志一》，北京：中华书局，1973年，第116页。

平陈，全国统一，隋文帝次年在大兴城南郊修建圜丘，符合常情。文献记载"高祖受命，欲新制度。乃命国子祭酒辛彦之议定礼典"[2]，却没有交代辛彦之任国子祭酒的时间。开皇五年（585），隋文帝诏行新礼，此时辛彦之已经官拜礼部尚书。故有人推测，圜丘的位置和形制的确定是在辛彦之任国子祭酒时，也就是新礼诏行的开皇五年（585）之前。议定的圜丘位置是在"为圆丘于国之南，太阳门外道东二里"。圜丘的形制则是"其丘四成，各高八尺一寸。下成广二十丈，再成广十五丈，又三成广十丈，四成广五丈"。

《大唐郊祀录》卷四记载："及隋迁陈，文帝亦令辛彦之为圆丘于太阳门外，冬至日祀昊天上帝于其上也。"这就透露了圜丘的建设时间，可能就是在灭陈之后的开皇十年（590），圜丘建设工程的负责人就是辛彦之。文献记载，开皇十年（590）冬至，文帝"有事于南郊"，这次的祀天活动，有学者认为"肯定是在大兴城的圜丘"[1]。但根据考古发掘出的圜

① 中国社会科学院考古研究所西安唐城工作队：《陕西西安唐长安城圜丘遗址的发掘》，《考古》，2000年第7期。
② [唐]魏徵：《隋书》卷六《礼仪志一》，北京：中华书局，1973年，第115页。

丘遗址的规模判断，这种可能性不大。

"国之大事，在祀与戎"，隋朝国家祀典开创性地分为大、中、小三祀，大祀为昊天上帝、五方上帝、日月、皇地祇、神州、社稷、宗庙等，中祀为星辰、五祀、四望等，小祀为司中、司命、风师、雨师及诸星、诸山川等。隋代圜丘，每两年一祀，冬至日举行祭天礼仪。祭祀对象分为四等，依次置于坛上。最上层置昊天上帝，以太祖武元皇帝配。五方帝、日、月、五行、内官四十二座、众星三百六十座等皆作为从祀。第二层坛上置五方上帝、日月等。第三层坛上置北斗、五星、十二辰、河汉、内官等，第四层坛上置二十八宿、中官等，外官在内壝之内，众星在内壝之外。

圜丘祭祀昊天上帝，以隋太祖武元皇帝配，是遵循北齐礼制的传统。然而，圜丘祭祀时间采用每隔一年一礼，即两年一祀，却是源自梁朝。

隋文帝"采梁及北齐仪注"，积极施行文化认同，以南朝梁礼和北朝齐礼为标准，制定隋朝礼仪。特别是在郊祀礼方面，

①中国社会科学院考古研究所西安城工作队：《陕西西安唐长安城圜丘遗址的发掘》，《考古》，2000年第7期。

融合南北，圜丘与南郊分离，在大兴城南的太阳门外道之东、西，分别修筑了圜丘和南郊。在圜丘形制方面，也兼采北周、北齐建制。圜丘十二陛的制式就是沿用北周圜丘陛式旧制。而圜丘的三壝均为圆形，相距各为二十五步，则与文献记载的北齐圜丘"周以三壝，去丘五十步。中壝去内壝，外壝去中壝，各二十五步。皆通八门"①的形制相合，是采用北齐圜丘的制式。

在仁寿元年（601）冬至，此处圜丘终于迎来了隋文帝的第一次亲祭，这是第一位登上隋大兴城圜丘的隋朝帝王，也是隋文帝唯一一次登临圜丘。此次祭祀，隋文帝是将昊天上帝与五方帝"并于坛上，如封禅礼"。这与隋代礼仪规定的圜丘祭祀中主祭昊天上帝与从祀稍有区别。③

唐代沿用了隋代的圜丘，对其位置，文献也有明确记载，"其坛在京城明德门外道东二里"。《新唐书》《旧唐书》《大唐开元礼》等正史文献都有相同的

① ［唐］魏徵：《隋书》卷六《礼仪志一》，北京：中华书局，1973年，第116页。
② 《隋书·礼仪志》规定："再岁冬至之日，祀昊天上帝于其上，以太祖武元皇帝配。五方帝、日月、五星、内官四十二座、次官一百三十六座、外官一百一十一座、众星三百六十座，并皆从祀。"

记载。

综合文献进行分析,隋唐圜丘的形制可以概括为"四成、十二陛、三壝"。

《旧唐书·礼仪志》记载:"每岁冬至,祀昊天上帝于圜丘。其坛在京城明德门外道东二里。坛制四成,各高八尺一寸,下成广二十丈,再成广十五丈,三成广十丈,四成广五丈。"

据文献记载,中国古代的圜丘之外有壝。所谓壝,《康熙字典》解释为:"音唯。土埒也。起土为埒。一曰坛边低垣围绕者为壝。《周礼·地官》封人掌设王之社壝。《潘岳·藉田赋》封人壝宫。"也就是古代祭坛四周的矮墙。关于壝的形制,各代不同。北周圜丘的壝,据《隋书·礼仪志》记载,"圆壝径三百步,内壝半之",应该是二壝形制。同书载北齐圜丘为三壝形制,"周以三壝,去丘五十步。中壝去内壝,外壝去中壝,各二十五步"。

隋代圜丘的壝,文献记载不甚清楚。唐代圜丘,据《大唐开元礼》卷四"皇帝冬至祀圜丘"载:"前祀三日,尚舍直长施大次于外壝东门之内道北,南向",

"设陈馔幔于内壝东门西门之外道北，南向"，"介公、鄁公位于中壝西门之内，道南"，分别有"外壝"、"中壝"和"内壝"的区别，可以明确唐代圜丘也是三壝形制。据此可推断隋代大兴城的圜丘应该也是三壝形制。

文献记载唐代圜丘登临的陛阶有十二，并被后来的考古发掘证实。文献记载北周圜丘为十二陛，有学者认为北周最先采用十二陛，隋文帝继承了北周圜丘十二陛的制度，故北周的十二陛是隋唐圜丘十二陛的源头。但同时期北齐圜丘的陛阶却不同，圜丘三层，上、中两层四陛，下层八陛。

隋唐长安城的圜丘，除过圜丘坛，还有祭祀所用的青城、燎坛、瘗坎和大次、望燎位等附属设施。这些都是祭天时分布于圜丘坛周边的临时设施。所谓青城，就是斋宫，是由青布帷幔搭建的幄殿，是一组规模较大的建筑组群，帷幔画砌甃之文，旋结城阙殿宇。唐代诗人张籍有诗《贺秘书王丞南郊摄将军》：

正初天子亲郊礼，诏摄将军领卫兵。

斜带银刀入黄道，先随玉辂到青城。

坛边不在千官位，仗外唯闻再拜声。

共喜与君逢此日，病中无计得随行。①

燎坛是燔燎牲体、玉帛等祭品的场所。在唐代，燎坛的位置前后不太一致。《贞观礼》规定燎坛位于圜丘的东侧，《显庆礼》中圜丘未设燎坛，《大唐开元礼》规定燎坛在"神坛之景地，内壝之外。坛方一丈，高一丈二尺"。

大次就是祭祀时皇帝更衣的地方，是临时搭建的一个帷幔屋宇，《大唐开元礼》规定其位于外壝东门之内道北，南向。

唐代圜丘祭祀不仅形制复杂严格，祭天礼仪和祭祀对象也名目众多。圜丘祭天礼仪是三祀中的大祀，是隋唐吉礼的核心，圜丘除过冬至祭天，通常还举行其他的祭祀活动。《大唐开元礼》中"吉礼"条规定圜丘祭祀礼仪有：冬至日祀昊天上帝、正月上辛日祈谷、孟夏雩祀。均以昊天上帝为祭祀对象，五方帝、日月、星辰作为从祀。

正月上辛祈谷，即每年正月上辛日，向上天祈求风调雨

① 张籍著，徐礼节、余恕诚校注：《张籍集系年校注》，卷四，北京：中华书局，2016年，第542页。

顺、五谷丰登。我国古代以甲子计日，每十日必有一个辛日。上辛日指农历每月的第一个辛日。每年正月上辛日为祈求丰年之日。正月上辛祈谷为吉礼之一，在圜丘进行。最初，祈谷礼是在孟春月举行，《礼记·月令》记载，"孟春之月，天子乃以元日祈谷于上帝"，由天子主祭。但是郑玄认为《礼记·月令》中所说的就是"上辛郊祭天"，即要在正月的第一个辛日南郊祭天。上辛日祭天便成为固定的郊祀日。

中国是农业国家，帝王祭天时，要向上天祈求风调雨顺、五谷丰登。祈谷礼就在每一年的正月上辛日进行。唐代以正月上辛日祈谷，礼仪规格略小于大祀，不设从祀坛位，不行燔柴。祈谷的场景从《祈谷乐章·雍和》就能知道："殷荐乘春，太坛临曙。八簋盈和，六瑚登御。嘉稷匪歆，德馨斯饫。祝嘏无易，灵心有豫。"[1]

孟夏雩祀就是祈雨。祈雨在唐朝是很重要的祭祀活动，称为祭天大祀，故又称大雩。雩祀一般是孟夏四月在圜丘举行，是不管有无旱灾发生，均要进行的例行之祭。中国是传统农业社会，以农为

---

[1] ［清］彭定求等编：《全唐诗》卷十《祈谷乐章·雍和》，北京：中华书局，1999年，第97页。

本成为古代社会的主导思想。农业的收成好坏关系到国家安定和政权稳固与否，所以皇帝很重视农业生产，在国家的礼仪活动中，藉田、祈雨等祭祀活动都与农业活动相关。皇帝祈雨表示对农业生产的重视，每年孟夏四月，皇帝都要亲祭祈雨。唐代以前，雩祀对象多为祈祀"五方上帝"；从唐代开始，雩祀昊天上帝逐渐成为惯例。《唐会要》记载："孟夏雩，祀昊天上帝。"当然唐代还有其他形式的祈雨活动，称为不时之雩，在大旱发生时，有随时举行的旱祓之雩。

唐代圜丘祭祀的天神名目繁多，各天神均有相应的等级和位置，对其神主位置，文献也有明确规定。唐代冬至圜丘祭祀的天神名目如下：

坛上主位（2神座）：昊天上帝，配帝：高祖神尧皇帝

圜丘坛第一等（7神座）：五方帝（东方青帝灵威仰、南方赤帝赤熛怒、中央黄帝含枢纽、西方白帝白招矩、北方黑帝叶光纪），大明（太阳），夜明（月亮）

圜丘坛第二等（55神座）：天皇大帝、北斗、天一、太一、紫微五帝、内官诸星、五星（金、木、水、火、

土）、十二辰、河汉

圜丘坛第三等（160座）：中宫市垣、太微、明堂、大角、帝座、七公、日星、帝席、摄提、太子、轩辕、三台、五车、诸王、月星、织女、建星、天纪等17座，二十八宿、中宫诸星

内壝之内（105座）：外官诸星

内壝之外（360座）：众星神座

圜丘祀天的祭品以玉为主，另有牲牢（猪、牛、羊牺牲）、币帛等。唐以《大唐开元礼》为制，"冬至，祀昊天上帝以苍璧，上辛，明堂以四圭有邸，与配帝之币皆以苍"，"青帝以青圭，赤帝以赤璋，黄帝以黄琮，白帝以白琥，黑帝以黑璜。币如其玉，……其长丈八尺"，"上帝以苍璧，四圭有邸，币以苍；青帝以青圭；赤帝以赤璋；黄帝以黄琮；白帝以白琥；黑帝以玄璜"。牲牢"上帝及配主用苍犊各一，五方帝各用方色犊一"。"币如其玉，凡币之制，皆长一丈八尺。"

唐代，祭祀礼基本上已经形成制度，并有固定的程式，基本上按照六大步骤和程序进行。《新唐书·礼乐志一》称："凡祭祀之节有六：一曰卜日，二曰斋戒，

三曰陈设，四曰省牲器，五曰奠玉帛、宗庙之晨课，六曰进熟、馈食。"圜丘祀天，分别在冬至、正月上辛、孟夏等固定的日期，所以就省略了卜日。圜丘祀天主要的礼仪程序与步骤分别为斋戒、陈设、省牲器、銮驾出宫、奠玉帛、进熟和銮驾回宫等。

唐代圜丘祀天时有赞颂众多天神的歌辞乐章。贞观六年（632）有《唐祀圜丘乐章》8首，是一组完整的祭仪乐歌。

"大明南至庆天正，朔旦圆丘乐六成。文轨尽同尧历象，斋祠忝备汉公卿。星辰列位祥光满，金石交音晓奏清。"这是权德舆亲自参加祀天典礼后所作的一首诗《朔旦冬至摄职南郊因书即事》，展示了德宗朝祀天典礼盛况。

圜丘祀天的盛典，行大礼展国容，宣扬皇位正统和大一统，文人士大夫的乐章歌辞、赋颂之作以典雅溢美的文辞，歌功颂德、协和天地，歌颂帝王的文治武功和祖先的圣明，同时也客观地记录、保存、传播了祀天仪典的程式与盛况，具有史料价值。

歌舞响彻大唐帝都长安，祈求天神保佑的德宗皇帝，欲以祭天大典强化皇权。但他哪里知道,此时藩镇割据、宦官专攻已经成为大唐王朝的两大顽疾,无药可医,祭天的华彩乐章,根本改变不了国力衰落、政治动荡的事实。

第三节　考古发现的隋唐圜丘

　　天祐元年（904），拆毁长安城的烟尘还未落定，三月，佑国军节度使韩建奉命筹建新城，他放弃原长安城的外郭城和宫城，改修原皇城以为京兆府新城邑，史称"新城"。韩建修筑的新城周长实测9200千米，面积5.2平方千米，宋、金至元变化不大。明代洪武年间，西安城有较大的扩建，向东、向北扩展，东墙长2590米，西墙长2631.2米，南墙长3441.6米，北墙长3241米，总周长约119000米。东有长乐门，西有安定门，南有永宁门，北有安远门，四座城门的规模就是今天西安城墙的规模。

　　1949年以来，百废待兴，西安地区的基础设施建设不断地扩展，使许多唐长安城的地基夯土暴露出来。陕西省文物管理委员会决定对隋唐长安城地基进行初步探测。

1957 年，以杭德州、洛忠如、田醒龙为核心的专门工作组成立，他们带领钻探队，对唐长安城进行钻探和调查。当洛阳铲打下去时，一座沉睡千年的都城终于开始苏醒。经过为期 5 个月的工作，他们对唐长安城的外廓城、兴庆宫、大明宫、曲江池和芙蓉园，做了初步实地探测，绘制出第一幅唐长安城探测复原图。

此次工作结束后，陕西师范大学的操场内，一座高高隆起的土堆旁边，多出了一块石碑，静静地守护着这个荒草乱生的土包，石碑上面镌刻着"陕西省文物保护单位，唐天坛遗址，陕西省人民委员会，一九五七年八月一日公布"。从此，这里便有了一条天坛路，但很少有人知道天坛的存在。

1999 年初，西安唐城考古队进驻圜丘遗址，采用传统的勘探方法进行发掘。

经过 3 个多月的考古发掘，唐长安圜丘真容展露在世人面前。整个圜丘的建造十分独特，坛体全部用纯净黄土层层夯筑而成，没用一砖一石。夯层厚 14—20 厘米不等，夯土土质坚硬，呈黄色。台体的壁面均用草

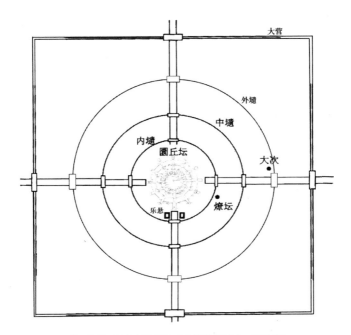

大营
外墙
中墙
内墙
圜丘坛
大次
乐悬
燎坛

韩建华复原的圜丘坛墙形制平面图

拌黄泥抹平，黄泥外再抹一层白灰饰面。外观通体洁白，既质朴又大方，显得十分庄严神圣。

圜丘遗址主体是圆形高台式坛体建筑，四层，高约8.12米。平面呈四重同心圆形，每层圆台直径不同，由下到上逐层内收。各层台高大体相近，但略有不同。环绕圆台，每层均设置十二个登坛的台阶，阶宽1.8—4米，即《大唐开元礼》《大唐郊祀录》等礼书所载十二陛。自北而始，按顺时针方向依次命名为子陛、丑陛、寅陛、卯陛、辰陛、巳陛、午陛、未陛、申陛、酉陛、戌陛和亥陛。其中子陛、卯陛、午陛和酉陛因所处方位又可称为北陛、东陛、南陛和西陛。其中，午陛（南陛）最长最宽，是祭天时皇帝的专用登坛通道。

在圜丘遗址的发掘中，未发现任何砖石建筑材料，其散水、台面、台壁及陛阶皆是抹白灰饰面。圜丘祭天是神圣庄严的事情，外观洁白自然的圜丘更能体现祭天的朴素、典雅。

圜丘的散水环绕在第一层台壁周围，为便于排水，散水表面呈内高外低的坡状。散水基础为夯筑，表面抹白灰。

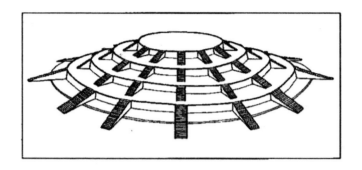

隋唐圜丘复原图

　　圜丘台面就是每层台体平面的部分，通体以白灰饰面。考古发掘时，在台面发现存在多层白灰面的情况，这是每次维护所留下的痕迹。因为圜丘使用达300多年，且长时间暴露在外，遭风雨侵蚀，白灰面有脱落、起皮等现象，加之使用相对频繁，每次祭祀前都要进行维护。为便于排水，台面呈内高外低的坡状。台面宽度不同，从第一层至第四层宽度分别为：5.5—6.9米、5.1—6.4米、3.8—6.2米、19.74—20.59米。每层台面都有二至三层的白灰面层，台面有被抬高的现象。第四层台面变化最大，大致可分为三期，中期维修时，是在早期白灰面上增筑夯土，夯土中夹杂大量的白灰渣屑，土质较硬，再抹白灰面，发掘时台上白灰面基本保存完好，整体抬升 0.15 米，晚期台面继续抬升，净增高度在 0.4—0.7 米间，增高的夯土层中存在大量白灰渣屑。

台壁是圜丘台体立面部分，每层台面均有相应的台壁。台壁外表抹饰白灰，白灰面内即为夯土。台壁上部多已被毁，台壁底部保存状况较好，台壁略有收分（圆台的立面不是垂直的，圆台不是圆柱体，稍呈圆锥状）。

第一层，早期台壁高约 1.85 米，其后又有数次增高，最高时达 2.1 米。第二层，早期台壁高约 1.7 米，晚期台壁最高时约 1.85 米。第三层，早期台壁高约 1.45 米，其后数度增高，晚期最高达 1.75 米。第四层，台壁变化最大，从早期到晚期台壁的高度分别为：1.75 米、2.05 米、2.35 米。

陛阶是登临圜丘的阶道。四层台面的陛阶上下对应，每条陛阶上有小台阶。各陛阶左右有两道侧壁，侧壁多残存有白灰面。

第一层陛阶多数无存，残存的陛阶长度不一，宽度一般在 2.25—2.65 米。保存较好的是南（午）陛，可分早、晚两期。早期残长 9.3 米，宽 3.1 米；晚期残长 9.7 米，宽 4 米，右侧壁沿用早期的。

第二层多数陛阶中丑、巳、酉三陛无存，残存的陛阶长度不一，宽度一般在 2.25—2.6 米，其中子陛宽 2.35 米，午陛宽 2.6 米。

考古发掘可分辨出各陛阶有早晚的不同，寅、申陛可分早、晚两期。寅陛早期残长 1.3 米，宽 2.3 米；晚期残长 0.6 米，宽 2.71 米。申陛早期长度不详，宽 1.61 米；晚期长度不详，宽 2.3 米。亥陛可分早、中、晚三期，早期残长 1.32 米，宽 2.45 米；中期残长 2.22 米，宽度不详；晚期残长 1 米，宽 2.25 米。

第三层十二道陛阶均残存，长短不一，宽度在 1.8—3.45 米，午陛最宽，为 3.45 米。其中辰陛、未陛可分早、晚两期。辰陛早期陛长不详，宽 1.8 米；晚期残长 0.3 米，宽 2.15 米。未陛早期残长 0.55 米，宽 2.05 米；晚期残长 0.55 米，宽 2.35 米。

第四层仅辰陛无存，其余陛阶均残存，长短不一，宽度在 1.8—3.4 米，午陛最宽，为 3.4 米。其中子、未、申、酉、戌、亥陛可分早、晚两期。子陛早期残长 2.3 米，宽 1.8 米；晚期陛长不详，宽 2.08 米。未陛早期长约 3.1 米，宽约 1.9 米；晚期残长 0.34 米，宽 2.3 米。申陛早期残长 0.34 米，宽约 1.85 米；晚期残长 0.5 米，宽 2.3 米。酉陛早期残长 1.22 米，宽 1.85 米；晚期残长 0.36 米，宽 2.2—2.6 米。戌陛早期残长 0.5 米，宽 1.8—2 米；晚期残长 0.85 米，宽 1.8—2.3 米。亥陛早期残长 2.3 米，宽 1.86 米；晚期残长 0.52 米，宽 2.02 米。

在隋唐 300 余年间，曾有 19 位皇帝亲祭圜丘，每次亲祭前都要进行相应的打扫维护。那一层层的白灰皮代表着一次次的维护过程，也记录着圜丘的变化。圜丘祭天是礼乐文明的物化表现，是维系政权合法性的必要措施。尽管经过风雨侵蚀、多次维修，圜丘有增高，有移位，但没有影响它的整体形态。

钻探表明，圜丘的地下基础是直径为 60 米的圆形夯土槽。其做法是从地面向下挖出深 2.2 米、直径 60 米的圆柱形坑，然后逐层夯打形成，用黄土杂以料礓石层层平夯，夯层厚约 12 厘米。这种"满堂红"的基础可防止沉降不均匀，有加固建筑本体的功能。这是我国古代建筑技术经验的总结，是适用于土木建筑基础的做

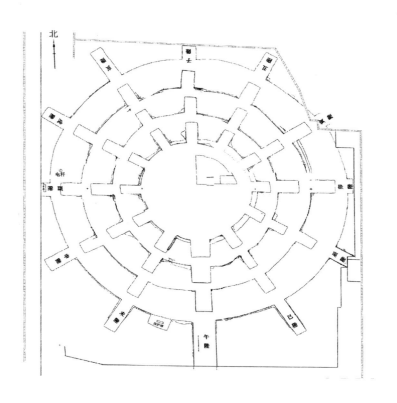

唐长安城圜丘遗址考古实测图（底图据《陕西西安唐长安城圜丘
遗址的发掘》图七、八、九、一〇拼合而成）

法，同样适用于圜丘这种夯土高台建筑。这种建筑方法在隋唐时期大型宫殿建筑中普遍采用，像隋仁寿宫、唐九成宫址 37 号殿的基础就采用这种做法，不过当时没有专门的名称，清代称这种做法为"满堂红"或"一块玉儿"。

祭天的圜丘，除圜丘坛外，还有许多附属建筑，如燎坛、壝墙等。据文献记载，圜丘有三重壝墙，其范围应该很大，但由于地处陕西师范大学院内，圜丘周边已被学生宿舍楼占压，发掘受到限制。但经过努力，考古工作者在陕西师范大学体育场发现了圜丘内壝遗迹。

内壝是圜丘周边的矮墙。其距离圜丘 36.4—40.6 米，圆形，直径为 73—80 米，与圜丘呈同心圆，壝墙基础宽 4.3—5 米。这道壝墙可能就是《大唐郊祀录》等文献中屡次提及的"内壝"。

圜丘遗址出土的与祭天相关的遗物较少，主要有石圭、石印和陶印各一件。

其中石圭为汉白玉所制，重要祭品之一，不规则片状，已残。石质坚润，色泽莹白。两面及侧沿磨制光滑。通长 5.1 厘米，厚 1.5 厘米。

石印，石灰岩，青黑色。印大致呈正方体，盝顶，桥形钮。边长约 12 厘米，通高 11.5 厘米。印身各面均阴刻花草纹，线条流畅，草叶、花瓣浑圆饱满。

陶印，泥质灰陶。印身呈正方体，盝顶，桥形钮。边长约 15 厘米，通高 10 厘米。表面光素无文。

考古发掘的圜丘遗址特征是圆台四层，每层都有十二陛阶，该形制与文献中"四成……十有二陛者，圜丘也"的描述完全符合。圜丘从隋代始建，沿用至唐昭宗龙纪元年（889），使用时间超过 300 年。考古发掘出的圜丘不是始建时的面貌，也不是某次修缮后的面貌，而是圜丘废毁前的面貌，故其高度与面积的尺寸与文献记载会有一些出入。

第四节　圜丘的坛壝形制与尺寸

　　圜丘是隋、唐两个王朝祭天的重要场所，是长安城规格最高的礼制建筑。在 300 余年间，隋唐王朝有 19 位天子相继在这里举行国家祭祀礼仪。作为隋唐长安城祭祀的重要舞台，圜丘的形制与空间格局是王朝礼制思想的集中体现，也是展现君权神授、王朝正统的手段。

　　关于圜丘坛壝的形制，文献记载并不充分。此前有学者根据《隋书·礼仪志》记载的北周圜丘坛壝的形制——"圆壝径三百步，内壝半之"，推断隋唐长安城的圜丘也应是二壝形制，认为隋唐圜丘"有二壝，内壝径一百五十步，外壝径三百步"[1]。

　　目前经过文献的梳理，可以将隋唐长安城圜丘的形制概括为"四成、十二陛、三壝"。考古发现弄清楚了圜丘坛

① 任爽：《唐代礼制研究》，长春：东北师范大学出版社，1999 年，第 16 页。

体形制，但对于墙的情况，仍不十分清楚。仅对内墙进行了钻探了解，知其呈圆形。至于文献记载的中墙、外墙，考古并没有发现，也无法证实。目前对于圜丘的坛墙形制，学界有三种不同的认识。

第一种观点以日本学者渡边信一郎为代表，认为与明清北京天坛相类似。他基于文献记载和北京天坛的实态，完成唐长安城的圜丘坛墙的概念图：唐代圜丘三墙形制，外方内圆，即外墙为方形，内墙、中墙为圆形。同时，他也强调，圜丘主体部分以外的位置关系，并非基于实测。①

第二种观点是西安建筑科技大学的秦昆在硕士论文《隋唐长安城天坛遗址公园设计研究》中提出的，以圜丘为圆心，外部还有 3 圈圆形的低墙，3 个直径由大到小的同心圆将圜丘包裹。中墙和外墙之间应该有一些附属建筑，如掌管乐器的官署、宰杀烹饪祭品的官署等。内墙半径 67 米，外墙也应该为圆形，半径为 400 米以内。

①渡边信一郎著、徐冲译：《中国古代的王权与天下秩序——从日中比较史的视角出发》，北京：中华书局，2008 年 10 月。

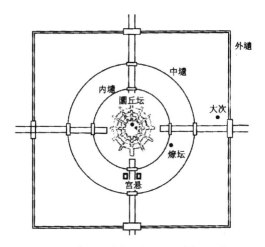

渡边信一郎绘《隋唐长安圜丘坛墙复原图》

墙的形式"高可及肩",与唐长安城坊墙形制相同,剖面呈梯形,夯筑而成。推测墙墙顶上覆瓦,有可能为彩云般的蓝绿相间琉璃瓦。皇帝祭天的路线,据《大唐开元礼》,自外墙东门进入,再自内墙南门进入圜丘。[1]

第三种观点认为,新建王朝为显示其政权的合法性,往往在礼制方面都承袭前朝,所以在考古不充分的情况下,利用文献材料上推前朝礼

[1]秦昆:《隋唐长安城天坛遗址公园设计研究》,西安建筑科技大学 2015 年硕士论文。

制建筑形制，不失为一种有效的方法。宋初东京圜丘
的形制，文献记载得十分清楚，这是理解唐代长安圜
丘的重要途径。北宋建立之初，在东京开封城外新筑
圜丘，其设计原则就是"国朝郊坛率循唐旧"。文献
记载的宋初圜丘形制："圆丘四成，下成纵广二十丈，
再成十五丈，三成十丈，四成五丈，各八尺一寸，为
十有二陛，每成十有二级"，"下设三壝，内壝去坛
二十五步，中壝、外壝相去如之，周垣四门，饰以方色，
此诚旧礼之制"。有学者根据北宋初年圜丘三壝形制
上推唐代长安圜丘三壝形制，认为唐代三壝形制与北
宋初圜丘的坛壝形制相同，故推测唐代圜丘三壝均为
圆形，各壝相距二十五步，壝门为四方之色。①

　　以上关于圜丘的坛壝形制与尺寸复原基本可信。
但稍有不同的是，隋唐圜丘外壝之外应该还有"大营"
存在。隋唐长安圜丘祭祀直接继承的多是北齐之制。在
南北朝时期，北齐的圜丘、南郊分立，圜丘祀昊天上帝，
南郊祀感生帝，二者的三壝形
制也是不同的。关于北齐圜丘
的三壝，文献记载，"周以三壝，

①赵永磊：《隋唐圜丘三壝
形制及燎坛方位探微》，《考
古》，2017 年第 10 期。

去丘五十步。中壝去内壝，外壝去中壝各二十五步，皆通八门"。而关于北齐南郊三壝，文献记载，"内壝去坛二十五步，中壝、外壝相去如内壝"，就是说北齐的南郊三壝与圜丘的三壝间距是不同的。而隋唐圜丘的三壝间距均是二十五步，这是取法北齐南郊，恰好与"天数二十五"之说相合。

关于北齐圜丘的记载提到大营的存在。《隋书·礼仪志》记载，"周以三壝，去丘五十步。中壝去内壝、外壝去中壝各二十五步，皆通八门。又为大营于外壝之外，轮广三百七十步。其营堑广一十二尺，深一丈，四面各通一门"，这是最早关于圜丘外壝以外情况的信息。隋唐圜丘兼容并收，吸纳了南北朝圜丘、南郊坛壝的形制，那么相应地也应该有大营存在。北齐的大营，依据文献推测可能为圆形，营外还有营堑。这个大营与营堑可以标志圜丘的范围。《周官》有"外祀皆有兆域"的记载，那么大营就是兆域。再看晚于隋唐的北宋东京城圜丘的情况。北宋初年东京城所立圜丘，"率循唐旧，三壝，各壝相距二十五步，四门饰以四方之色"，但实际上这个壝墙并没有建起来，而是"乃以青绳代内壝"。

元丰元年（1078）二月，"伏请除去青绳，为三壝之制"①。

仁宗天圣六年（1028），始筑外壝，周以短垣，置棂星门。《续资治通鉴长编》中对这个三壝的修筑有明确记载："按图设三壝，今请筑外壝，仍于壝外筑短垣，四面各置棂星门。"②很明显，北宋直到仁宗天圣六年（1028）才开始营建坛外"三壝"，又在三重矮墙之外修筑一圈低矮的墙垣，并在东、南、西、北四面墙垣中央各安置"棂星门"，学者推测此外部"短垣"即大营，平面应为方形。其距三壝中的外壝应有一段距离，且三壝的东、南、西、北向也应有"门"同外部短垣四面棂星门相对应。棂星门即"乌头门"，宋代李诚编著的《营造法式》中有其构造做法及外部造型。由此可推知隋唐圜丘在三壝之外还有一圈标志兆域的短墙，暂称大营。依据北宋的形制，本书倾向于认为隋唐圜丘三壝外的大营短墙平面也是方形的。

北齐圜丘坛三壝外的大营为圆形，有具体的尺寸，轮广370步，坛广轮36尺。隋初是

①［元］脱脱等：《宋史》卷九十八，北京：中华书局，1977年，第2433页。
②［北宋］李焘：《续资治通鉴长编》卷一〇六，北京：中华书局，1956年，第2463页。

用北周尺（一步折合 5 尺，1 尺约合 29.5 厘米），折算大营直径，370 步折合 1850 尺，半径则为 925 尺，减去南郊坛半径 18 尺，则大营与坛间距为 907 尺，约合 181 步，折算为 267.6 米。

上文推测唐代圜丘每壝相距 25 步，即 125 尺，折合为 36.87 米。而壝墙基础实测宽 4.3—5 米，以 4.5 米计算，二者合计 41.37 米。这一距离折合为 28 步，就是 25 步的圜丘第一层坛体界面与内壝之间的距离加上 3 步的壝墙距离，与考古实测距离 36.4—40.6 米基本吻合。看来隋唐长安城圜丘壝墙间距 25 步是正确的、可行的。按北齐圜丘来推算隋唐圜丘的大营尺寸，应该也是可以的。

北齐圜丘的大营直径为 370 步，半径为 185 步，即大营距坛体中心的距离。如果隋唐长安城圜丘大营也以此为标准，那么隋唐长安城圜丘的大营边长为 370 步，壝间距为 25 步，加上壝墙约 4.5 米（折合 3 步），则外壝与圜丘的距离为 84 步。而据上文所引《隋书·礼仪志》《大唐郊祀录》《旧唐书·礼仪志》等文献的记载，隋唐圜丘第一层直径 20 丈，半径为 10 丈，折合 20 步, 那么, 外壝距坛中心为 104 步, 外壝距大营则为 81 步。考虑到圜丘北距唐长安城郭城南墙 400 米, 折合 271 步, 郭城外还有护城壕、环城路等设施, 所以圜丘外壝以外的大营以边长 370 步比较合适, 圜丘中心距大营北边 185 步, 折合 273 米。外壝距大营 81 步, 折合 119 米。据此可推知, 隋唐长安城圜丘是边长为 545.75 米的方形平面, 占地面积约在 297843 平方米, 规模相当宏大。

文献记载圜丘四层圆台的直径均为 5 的倍数, 四层高度之和又为 50 丈。这不能不说在设计时就蕴含了"大衍之数五十"的概念。按北周尺 (1 尺约合 29.5 厘米) 换算, 圜丘的每层直径分别为 59 米、44.25 米、29.5 米和 14.75 米。考古实测的数据: 第一层为 50.45—53.15 米, 第二层为 40.04—40.89 米, 第三层为 28.35—28.48 米, 第四层为 19.74—20.59 米, 比较后可以发现二者的差别很大。

文献记载, 圜丘各层高八尺一寸, 按北周尺 (1 尺约合 29.5 厘米) 换算, 圜丘的每层台高应为 2.39 米, 总高为 9.56 米。而考古实测发现, 各层台高大体相近,第一层高 1.85—2.1 米，第二层高 1.7—1.85 米，第三层高 1.45—1.75 米，第四层高 1.75—2.25 米。据第一层台下散水外的唐代地面推测，圜丘较早时总高为 7.12 米，后来增至 7.42 米。造成这种出入的原因据文献记载推测可能是设计尺寸的不统一，因文献记载的是隋代辛彦之设计建造的隋代圜丘尺寸，而考古实测的是唐代最晚期的经过多次修缮后残存的尺寸，有出入也是可以理解的。由于隋代时的地面没有找到，所以总的高度更无从说。

有观点认为，由辛彦之设计的隋代圜丘的规制也多取自《周易·系辞》，其中蕴含"九""五"这样的天数。但只以《周易·系辞》并不足以解释隋唐圜丘的全部，如圜丘层数取阴数四，而非阳数，即属此例。

隋唐圜丘所祀神祇，取法天象，主祀昊天上帝，从祀五方帝以及日、月、星辰等，而其形制的相关尺寸又取法《周易·系辞》，从而赋予隋唐圜丘祭祀以神圣性。由象征着地支的十二陛以通天，隋唐圜丘由此成为皇帝沟通天人之际的神圣祭祀场所。

第四章

国家祭祀

对于天神、地祇、人鬼的祭祀，是古代中国礼治天下的重要举措，历朝历代将所有对天、地、神的祭祀上升到国家祭祀的高度，通过相应的仪式、程序，形成严整的祭祀系统，反映皇权的定位和信仰，以神化皇权，巩固统治。

第一节　隋唐国家祭祀

　　"所谓国家祭祀，是指在一定观念支配下，以礼制规范为指导，通过在特定时间、特定地点，由来自官方或官方认可的特定人物参加，按特定程式向特定神祇供献祭品以实现人神沟通并求得神祇福佑的重要政治活动。它将祭法、祭义、祭器、辞令、礼容、祭祀主体、祭祀对象、祭祀场所、祭祀时间等诸多要素有机地组织在一起，既是一套完整的仪式与行为系统，也是一套复杂的观念和信仰系统。"①

　　国家祭祀涉及国家政务、农业生产、军事活动、经济生活等方面，对现实的社会活动有深刻而广泛的影响。历朝历代的皇帝把国家祭祀上升到国家意识形态的重要组成部

①张勃：《从国家祭祀场所到公共活动空间——关于活化北京七个祭坛公园的思考与建议》，《北京联合大学学报（人文社会科学版）》，2013年第1期。

分，以巩固君权神授的权威，贯彻国家意志，强化社会认同。

国家祭祀活动有首都的郊庙祭祀，也有各级政府举行的官方的地方祭祀。首都是国家祭祀的核心地域空间，一般由皇帝来祭祀。皇帝祭祀是国家祭祀的最高等级，包括郊祀、明堂、社稷、封禅、山川和宗庙等，显然不是国家祭祀的全部。皇帝祭祀往往涉及礼乐的规范、皇帝祭祀的二重身份、皇帝亲祀的政治氛围以及祭祀场所的选择等方面。郊天与宗庙祭祀是国家祭祀中最高礼仪的祭祀，其中郊祀祭天是为公，行使政府功能；而宗庙祭祀则是为私，祭祀祖宗神灵。敬天法祖是维护皇权正统的保证。历代为强化统治的正统与合法，常常选择始祖配天，意在打通天神和先祖的沟通。

皇帝在京城举行的亲祀，以天子与皇帝的双重身份进行，也就有多重的祭祀目的：一方面是为确保天下平安、江山永固，是为私人执掌天下的权力祈福；另一方面是代表政府行使社会职能。

都城长安是国家政治和文化中心，无疑是国家祭祀展开的首选场所，因为作为宇宙之都，其城墙内外的祭祀场所.符合祭祀天、地、人等对象的国家礼制要求,必然成为国家祭祀礼仪的核心舞台。长安城成为国家礼制建筑最集中的地方,相应地,就有着最完善的祭祀对象和空间。

在都城长安的祭祀空间里,南郊和圜丘是符合国家礼制要求的场所。皇帝祭祀昊天上帝时,以先祖陪祀,当皇帝执圭敬天法祖,隆重的仪式彰显出他既是天之子又是天之臣的特殊身份,呈现出国家意识形态的君权天授,同时完美地融汇了祖宗与神灵。

南郊和圜丘是郊丘的重要组成部分,郊丘是中国古代郊祀制度的重要场所。郊祀的范围从战国至西汉元帝时期,发生过改变。秦汉的国家祭祀以祠畤为主体,其范围遍布全国。秦汉的郊祀,有学者称为"大郊祀",以区别于后代在南郊施行的"小郊祀"。成帝建始二年(前31)春正月,"上始郊祀长安南郊",南郊郊祀得以确立。在都城之郊祭祀天地,郊祀对象不仅包括南郊祀天、北郊祭地,还包括郊祀五方帝,到后期发展为包括郊祀日月、山川、风雨雷电等。郊祀礼是最重要的国家祭祀礼仪。

以都城为参照,郊祀祭天就阳位,是秦汉帝国形成之后的定制，而祭天的地点有南郊和圜丘。南郊是相对都城而言的地理方位。圜丘是在都城南郊的祭天坛。二者在早期是相对模糊的。关于圜丘的形状，有两种观点：一种认为圜丘为自然形成的高丘，而非人力所为。这是根据《尔雅》解释，"土之高者曰丘，圜者象天圆，圜丘非人力所为"。另一种则认为圜丘有坛，圜丘就是泰坛，且为人力所为，于此圆形的高丘上祀天就是圜丘祀天。

郊丘之辩指的是南郊祭天与圜丘祀天二者之间的关系问题。这个争辩始于郑玄、王肃二家的祀学之争。唐代礼学大儒孔颖达对于郑玄、王肃的纷争有过精辟的总结。古代先儒在郊天礼方面有两种不同意见，以王肃为代表的一派，认为天本来只有一个，祀天的南郊其实就是指圜丘；而郑玄一派则认为有六天，所以南郊和圜丘代表不同的天神祭祀。

唐代上承隋代郊祀礼制，受北朝影响，依郑玄学说，将郊丘分为二，所以南郊之外还有圜丘，圜丘祀昊天上帝，南郊祭感生帝。但实际所行却与礼典非常不同，这导致郑玄学说逐渐沦为仅存于礼典之中的空壳。

　　唐代，按照《武德令》《贞观礼》规定，郊祀实行郊、丘分立，冬至祭祀昊天上帝于圜丘，正月辛日则祭祀感生帝于南郊。然而，从初唐开始，实际执行中并不区别南郊与圜丘，郊祀每年只行一次而非两次。高宗显庆三年（658）完成《显庆礼》，参与修礼的许敬宗主张用王肃说，建议郊、丘合一，废除感生帝之祭，改祀昊天上帝。在《大唐开元礼》中，祭天礼变化较大，祈谷、雩祀和明堂大享都在圜丘举行，加上冬至的圜丘祀天，一年四次祀天，主神都是昊天上帝。从此以后，"南郊"就是"圜丘"，二词所指为同一地点，祭祀对象相同，是可以互相替换的礼制用词。

　　为满足国家政治的需要，隋唐首都长安的国家祭祀已经形成了完善的天、地、人祭祀体系，形成郊、社、宗庙的三大奉祀核心，规范了国家祭祀的神祇体系，以昊天上帝作为最高神，形成了大祀、中祀、小祀相应的等级与对象。这些祭祀在都城长安对应的礼制建筑构成了隋唐时代的国家礼仪舞台，也构筑了隋唐时代的国家意识形态。

　　以"法天敬祖"意识形成的长安城内外祭祀体系，

分别以天地日月和宗庙、社稷为对象，形成了长安城的信仰空间。在礼制建筑方面，分别以坛和庙的形式表现信仰的二元结构。在祭法上，也有祭天燔柴与祭地瘗埋等不同方式，其中，祭祀昊天上帝的祭法，是传承古老的燔柴燎祭，即"燔柴于坛者，谓积薪于坛上，而取玉及牲置柴上燔之，使气达于天也"①。

---

① [汉]郑玄注、[唐]孔颖达等正义：《十三经注疏·礼记正义》卷四十六，北京：中华书局，1980年。

第二节　唐朝三大礼制典章

国家祭祀具有关乎皇帝权威及国家信仰的神圣性，因而国家祭祀礼仪的制定与实施受到历代王朝的高度重视。李唐的制礼作乐始于太宗贞观时期，有唐一代的礼制典章制度由此奠立。唐朝曾三次大规模编修国家礼典，礼仪制度几经修改，形成唐朝礼制的三个阶段，这便是太宗朝的《贞观礼》、高宗朝的《显庆礼》和玄宗朝的《大唐开元礼》。这三部礼典的颁布，也确定了唐朝国家礼制的基本格局。

陈寅恪对唐代三礼有精彩的评价："《唐会要》及《旧唐书》之所谓古礼，足知即为隋礼。然则唐高祖时固全袭隋礼，太宗时制定之《贞观礼》，即据隋礼略有增省，其后高宗时制定之《显庆礼》，亦不能脱此范围，玄宗时制定之《大唐开元礼》，乃折中《贞观》《显庆》

二礼者，故亦仍间接袭用隋礼也。既'后世用之不能大过'，是唐礼不亡即隋礼犹存，其所从出之三源者，亦俱托唐礼而长存也。"[1]

《贞观礼》是唐朝官修的第一部国家礼典，对于唐朝礼制的形成，具有开创和奠基之功。《贞观礼》上承开皇，以周礼和汉魏仪制为基本准则，进一步综合南北，特别是融入南朝制度，做出相应调整改革，为唐朝礼制的形成和礼书的撰写奠定了基础。学者对《贞观礼》有很高的评价："李唐的礼乐律令，既定于贞观，其制度又影响后代深远；探讨贞观所以能成为后世标榜的重要原因之一，当即贞观对于古来之典章制度，有整理之功；李唐的立国政策，也由此奠定。"[2]

唐代隋之际，战乱频仍，天下未平。武德时期，"未遑制作，郊庙宴享，悉用隋代旧仪"。高祖武德七年（624）始颁武德令，乃袭用隋开皇旧礼。唐太宗继位后，国家统一，社会稳定。太宗为了长治久安，决定实行以礼治国，行仁义之

[1] 陈寅恪：《隋唐制度渊源略论稿》，北京：中华书局，1963年，第61页。
[2] 高明士：《论武德到贞观礼的成立——唐朝立国政策的研究之一》，《第二届国际唐代学术会议论文集》，台北：文津出版社，1993年，第1159—1214页

道，于是决定偃武修文，修订礼制。

贞观二年（628），太宗诏令房玄龄和魏徵带领礼官学士开始修改旧礼。修撰者有长孙无忌、房玄龄、魏徵、李百药、令狐德棻等人。贞观七年（633）完成修撰，房玄龄呈礼进献，于是颁示天下。此时的《贞观礼》总计130篇，分为100卷。内容按吉、宾、军、嘉、凶的顺序编排，其中吉礼61篇，宾礼4篇，军礼12篇，嘉礼42篇，凶礼6篇，国恤5篇。《贞观礼》完成以后，在实施过程中，发现有不完善的地方，特别是"封禅"大典的仪式程序，争论最为激烈，各方固执己见，莫衷一是，最后唐太宗决定重修，仍命尚书右仆射长孙无忌、左仆射房玄龄、侍中魏徵主持，同时邀请了颜师古、孔颖达、杨师道、于志宁、卢宽、朱子奢、刘伯庄等知名儒学大师参与其中。贞观十一年（637），新修成的《贞观礼》增加了8篇军礼，达138篇。

《贞观礼》总体上继承了隋朝旧礼，但也有几处明显的变化：

一是五礼顺序发生变化。隋朝五礼顺序是吉、凶、宾、军、嘉；而《贞观礼》的五礼顺序改变为吉、宾、军、嘉、凶。

二是内容的增加。《贞观礼》不仅沿袭隋朝旧礼，重要的是有所创新，增加 29 条，"皆周隋所阙"，增加了包括天子上陵、朝庙、养老于辟雍之礼、天子大射、农隙讲武、四孟月读时令、纳皇后行六礼、皇太子入学、太常行山陵、合朔、陈兵太社等内容。

三是兼容并包，来源多途。《贞观礼》不仅继承了隋朝《开皇礼》，还对其进行修正，甚至有观点认为，《贞观礼》的制定使周礼成为唐朝典章制度的一个重要根源。此外，对南朝礼仪吸收的全面性与广泛性也是史无前例的。

四是《贞观礼》仍采用汉晋以来的六天学说，郊祀具有多神祭祀特征。

贞观十一年（637），贞观之治的太平盛世局面初显，新礼的制定适应了封建王朝统治的需要，唐太宗对《贞观礼》的丰功伟绩甚是满意，得意地对群臣说："过去周公辅佐成王制礼作乐，花费好长时间才完成。到朕即位，短短数年间，不仅完成了《破阵乐》与《庆善乐》二乐，还完成了吉、宾、军、嘉、凶五礼，随后还进行补充修订，不知道这样能否为后代所效法？"向来以直言进谏著称的魏徵，面对太宗开创的贞观盛世，也不免颂扬之语："圣上的制礼作乐，自我创新，推陈出新，成为后世万代效法的楷模。"

《贞观礼》适应了贞观之治的治世需要，唐太宗君臣把它视作"万代取法"的事业。然而国家政治对礼仪制度最具有影响力，高宗即位后，唐代的政治格局发生变化，《贞观礼》因过于简略而不得不进行修改。于是，永徽二年（651），诏令太尉长孙无忌，中书令杜正伦、李义府，太子宾客许敬宗等人重新修撰。显庆三年（658）130 卷的《显庆礼》修成，高宗诏颁天下行之，并亲自撰写序言，可惜序言没有保留下来。

《显庆礼》与《贞观礼》相比，卷数增加了，从100 卷增至 130 卷；篇数也增加了，从 138 篇增至 299篇。《显庆礼》的修纂过程在某种程度上与唐代立法程序相同，依次经过奉敕、集议、奏定、颁行等程序。

《显庆礼》中，对皇帝的祭祀、服制、释奠、凶仪等相关礼仪进行了原则上的、观念性的改革，使其具有鲜明特色。其最大的特色是以王肃"一天说"取代郑玄

"六天说"，将昊天上帝作为唯一的最高神，进行专祀。简化了祭祀对象，并将圜丘和南郊合二为一，北郊和方丘也合二为一，这样就突出强调天的唯一性。在皇帝所举行的郊天等亲祀大典中突出皇帝的中心地位，显然是为强调皇帝的唯我独尊与皇权的至高无上。

"从《贞观礼》到《显庆礼》的变化，并非单单是受礼学上的学说优劣之影响而产生的，而是依据王肃学说，支持天之唯一绝对性的缘故"[①]，这个改变是《显庆礼》区别于《贞观礼》的最重要的特点。

《显庆礼》的另一特点是按照皇帝旨意和喜好"增损旧礼"。在修撰过程中对《贞观礼》进行适当的增减，所增减的内容，多是遵从高宗、武后的喜好和意旨。其具体的修订增减集中在以下几方面：

一是调整皇帝祭服。祀天地时，皇帝祭服由大裘冕、无旒改为衮冕；规定皇帝祭社稷、祭日月时的祭服；还规定了三公亚献、孤卿助祭时的祭服，与皇帝祭服严格区别，其目的仍是显示皇帝的唯一与独尊。

① ［日］金子修一著，肖圣中、吴思思、王曹杰译：《古代中国与皇帝祭祀》，上海：复旦大学出版社，2017年8月。

二是调整祭祀中笾、豆的数量，以体现祭祀的等级尊卑。依据"进豆之荐，水土之品，不敢用亵味而贵多品"的原则，规定了三祀的笾、豆数量，十二、十、八分别对应大祀、中祀、小祀。笾、豆之数和祭祀神祇的等级相匹配，突出了以皇帝亲祭的大祀的绝对重要性。

三是改革释奠礼。释奠礼是祭祀先圣先师的礼仪。《显庆礼》中仍以孔子为先圣，增加左丘明为先师，和颜回并列，排除从祀。为突出天子的重教尊师，释奠礼必须向皇帝请示，这是改革释奠礼的突出特色。

四是弥补了《贞观礼》中一些祭祀乐章的缺失。为配合不同的祭祀需要，在显庆元年（656）至显庆三年（658）间增加了元和、豫和、丰和、永和、宣和等祭祀之舞和相关的乐章，分别由礼部侍郎许敬宗、左仆射于志宁、太子洗马郭瑜、国子博士范頵等撰写完成。

五是删除《贞观礼》原有的"国恤"5篇，意味着取消皇帝的丧礼仪注，皇帝的生死不在预设之中，是神化皇帝。进一步强化皇权的重要步骤，也是《显庆礼》最显著的改革。

六是修改皇后礼，增加"临轩册命皇后"礼仪，这是专为武氏"量身定做"的，是《显庆礼》最大的增补之处。"临轩册命"的仪式十分隆重，具体仪式为："这一天，皇后首饰袆衣，出自内殿，在乐声中，在殿外的命妇陪同下，'降就庭中，北面（即面朝北）'，接受皇帝派遣的使者太尉、司徒授册琮玺绶，行再拜之礼。然后皇后升座，'御舆伞扇，侍卫如常'，在'舒和之乐'中，南向接受内外命妇的跪拜祝贺，由为首者北向跪奏称：'某妃妾姓等言，伏惟殿下坤象配天，德昭厚载，凡厥兆庶，不胜庆跃。'"[1]这一仪式直接反映了皇后一人之下、万人之上的地位，以及受册之后实时获得权位，被景仰与朝拜的过程。

七是修改《显庆礼》时，参照律令进行改定，所以"其文杂以式令"。《显庆礼》开创了朝廷礼仪与律令格式的新关系，推动了唐代礼仪制度的法典化，也促进了律令体制的完善。到《大唐开元礼》时，礼典中就收录有律令中的相关法律条文。《大唐开元礼》的序例中收录的法律条文有祠令、卤簿令、衣服令、仪制令、丧葬令、假宁令、光禄式、礼部式等。

① 吴丽娱：《〈显庆礼〉与武则天》，《唐史论丛》第十辑，2008年。

　　《显庆礼》颁行后，受到非议，儒士们普遍认为不如《贞观礼》。于是，高宗时，兼行贞观、显庆二礼，遇到重大礼仪活动时，常常是先援引古义，然后再参考二礼进行增损，这样给人的感觉就是礼仪稍显混乱，反复无常，没有定制。

　　乾封二年（667），针对天地祀典，唐高宗特意下诏强调："从今以后，祭祀昊天上帝、五方帝、皇地祇、神州地祇，并以高祖、太宗配享，仍合祀昊天上帝、五方帝于明堂。"①该举措明显地兼用贞观、显庆之礼。上元三年（676），就太庙祭祀的事宜，唐高宗下令依《贞观礼》为定。仪凤二年（677），唐高宗直接下诏，明确处理礼仪的方式与原则：因显庆年间所推行的新礼多不效法古礼，其后五礼均依照《周礼》执行。从此，礼官更加无所凭据，每次遇到大礼仪时，才临时选定。

　　《显庆礼》经历了高宗、天后、武周三个阶段，在贞观旧臣、唐高宗与武后这三股不同政治势力的博弈中，礼仪发生着相应的变化。修礼活动在三个不同阶段的调整，是不同的政治理念强烈冲突导

① [宋] 司马光编著、胡三省音注：《资治通鉴》卷二〇一，北京：中华书局，1956 年，第 6353 页。

致的结果。

《显庆礼》应当是武则天立后之际最大的政治成果，通过《显庆礼》的册后、册太子、拜陵、先蚕等仪式，确立了武则天的皇后地位。礼仪成为武则天禅唐建周的重要法宝，通过礼仪改革扩大皇后的权力，频繁地举办先蚕典礼、与皇帝齐肩出现在封禅礼现场、为皇太子加元服等一系列礼仪形式，"以表达治理国家成功及与天地同体、通过祭拜与天地神灵接轨、生命社稷获其福佑的绝对权力意识"[1]。随着李唐政权重新回到权力中心，朝廷礼仪也就相应地恢复至高宗永淳以前。但因为朝局不稳，各方政治势力博弈争雄，政变暗流迭起，礼仪已无法发挥作用。

政局安定、社会和谐的盛世，是重修礼典的社会基础。当唐玄宗平定宫廷政变，皇权稳固之后，政治逐渐清明，经济复兴繁荣，迎来了伟大的开元盛世，政治上需要一部稽可定疑、循可行礼的礼仪法典，以适应盛世的社会运作。

"功成制礼、治政作乐"是中国古代帝王营造盛世的传

[1] 吴丽娱：《〈显庆礼〉与武则天》，《唐史论丛》第十辑，2008年。

统。《贞观礼》"节文未尽"，《显庆礼》"事不师古"，均与盛世之需不符，《大唐开元礼》的纂集是唐玄宗为营造盛世所制造的精神产品，其目的是取代上古的"三礼"。

《大唐开元礼》是玄宗开元时期国家编修的一部礼仪巨著，共 150 卷。由集贤院负责纂修，参与编纂的名流硕儒先后有集贤院知院事张说和学士徐坚、左拾遗李锐、太常博士施敬本、知院事萧嵩、起居舍人王仲丘等。王仲丘，开元年间历任左补阙内供奉、集贤修撰、起居舍人，对朝廷礼仪典章十分熟悉。在编纂《大唐开元礼》时，王仲丘调和《贞观礼》与《显庆礼》，提出"二礼皆用"的撰修原则，采用折中二礼的办法，最终确定了许多礼典的规范。开元二十年（732）九月，新编成的礼典被呈给玄宗皇帝，号曰《大唐开元礼》。玄宗皇帝并未明诏颁行于天下，而只是"颁所司行用焉"，却仍使《大唐开元礼》成为皇帝和朝廷重大礼仪活动的礼典权威规范。

《大唐开元礼》具有总结性、全面性、系统性这三大特点。其编纂原则是"稽周、汉之旧仪"、"考图史于前典"和"因时制范",按儒家礼仪"五礼"的顺序,详尽而完备地创制国家典礼仪制。其中,对上起帝王,下至百官臣僚的政治活动与日常生活都做了详尽的规定,是开元盛世政治、经济、文化发展的产物,又反映了盛唐社会生活的繁荣气象。《大唐开元礼》的内容由序例和五礼构成。其体例安排是:3卷序例、75卷吉礼、2卷宾礼、10卷军礼、40卷嘉礼、20卷凶礼,是一部体系庞大、体例谨严、内容繁复的礼仪法典。全书总体按照"总—分"的体例进行编撰,序例是全书的总纲。书中首先总体介绍了各项礼仪遵循的一些共同规定,然后分别按"吉、宾、军、嘉、凶"的顺序介绍各项礼仪。其中关于祭拜天、地、宗庙的吉礼篇幅最多,说明详尽。

制礼作乐是盛世帝王的追求,《大唐开元礼》是营造盛世景象的产物,从问世的那一刻起,就对大唐的政治、经济、文化产生了重大的影响,同时其作为礼乐文明辐射力远抵东亚大陆。开元二十六年(738),渤海国请求唐朝传写《大唐开元礼》。此后,新罗、高丽都陆续请求传写《大唐开元礼》,日本律令制的形成,更是全面借鉴唐代礼制的结果。

四庫全書總目卷八十二史部儀注類

大唐開元禮一百五十卷（兩江總督採進本）

唐蕭嵩等奉敕撰。初，開元十四年，通事舍人王喦上疏，請刪《禮記》舊文，益以今事。集賢院學士張說奏以為《禮記》不刊之書，不可刊削，唯《貞觀》《顯慶禮》，儀注前後不同，宜加折衷，以為唐禮。乃詔右散騎常侍徐堅、左拾遺李銳、太常博士施敬本撰述。歷年未就，至蕭嵩為學士，復奏起居舍人王仲丘等撰次成書，由是唐之五禮始備，即此書也。其書卷一至卷三為序例，卷四至七十八為吉禮，卷七十九至八十九為賓禮，卷九十至九十一為軍禮，卷九十二至一百三十為嘉禮，卷一百三十一至一百五十為凶禮。凶禮古居第二，而退居第五者，用貞觀、顯慶舊制也。其書設科取士，新唐書禮志皆取材是書，而所存僅十之三四。杜佑撰通典，授太常官以備講討，則唐時已列之學官矣。新唐書禮志載開元禮類三十五卷，比唐志差詳，而節目亦多別載。其討論古今斟酌損益，故周必大序稱朝廷一代典制者終不及原書之賅洽。

《大唐开元礼》

《新唐书·礼乐志一》中赞其曰："唐之五礼之文始备，而后世用之，虽时小有损益，不能过也。"从唐德宗开始，《大唐开元礼》被立于官学，开科取士。《大唐开元礼》成为士子的必选科目，从而也促进了士子对《大唐开元礼》的研究，解释、阐发《大唐开元礼》的著作数不胜数，最为著名的要算杜佑在贞元十七年（801）编撰完成的《通典》。

《大唐开元礼》是唐玄宗时代官修的礼仪巨著，为营造大唐盛世而编撰的创新之作，确立了中古礼制的框架，成为中国封建社会第一部法典式的礼书，具有继往开来的意义。它总结了唐代以前的各种礼仪，成为指导唐代开元以后礼仪活动的圭臬，也奠定了唐以后各封建王朝礼典的格局。南宋丞相周必大在《大唐开元礼序》中评价，《大唐开元礼》的功用在于"朝廷有大疑，不必聚诸儒之讼，稽是书而可定；国家有盛举，不必绵野外之议，即是书而可行"。《四库全书总目提要》评价说："其讨论古今，斟酌损益，首末完备，粲然勒一代典制，诚考礼者之圭臬也。"近代著名学者章大炎在《丧服依〈大唐开元礼〉议》中也评论道:"择善从之,宜取其稍完美者,则莫尚于《开元礼》矣。"①

上述对于《大唐开元礼》的评述无疑是中肯的,也是符合事实的。"《大唐开元礼》是在全面综合、总结前朝礼制基础上而成的一部礼典,是对吉、嘉、宾、军、凶五礼的一种规范,其属于制度层面的礼。它虽然也记载了五礼之仪,与仪注有一定联系,但并非'一时之制',而是'垂为永则'的长久之制,在唐代受到了礼经一样的尊崇,对后世也产生了极大的影响。"②

①[清]章太炎著,王仲荦、姜亮夫、徐复、章念驰、王宁、马勇等点校:《章太炎全集》第5册《丧服依〈开元礼〉议》,上海:上海人民出版社,1985年,第36页。
②刘安志:《关于〈大唐开元礼〉的性质及行用问题》,《中国史研究》,2005年第3期。

第三节　天子与皇帝亲祀

　　天子与皇帝是中国古代皇权制度下，作为最高统治者帝王的双重身份。"天子"一词最早出现于西周时期，"明明天子，令闻不已"，意思是说大周天子勤勤勉勉，美名流播永无止息。《史记·五帝本纪》记载尧帝年老之时，让舜摄政，代行大权，以此来观察天命所在。天子即是天命所在。

　　荀子对"天子"一词曾有十分准确的描述：天子权势极其重大，身体极其安逸，心境极其愉悦，志向远大无所受挫，身体强健无可劳累，地位尊贵无以复加；《诗经》中也有"溥天之下，莫非王土；率土之滨，莫非王臣"，说明天子的权力、地位、享乐、尊荣都是至高无上的。

"天子者何？王者父天母地，为天之子也。"[1]天不是物理的天，而是具有神格的上帝，被认为是宇宙最高的主宰，世间万物都是天地孕育的后代。天子即天之元子；天为父，所以号"皇天"；地为母，所以叫"后土"。天子是代理天（上帝）来统治天下的，所以形成于春秋战国时的"天下"概念，从一开始就与"天子"概念结合起来。天下就是上帝所能监临的下方，天子代表天治理的区域就是天下，所以天子支配的领域也就是这个天下。天子治天下的制度在战国时代已经确立。

真正将天子与皇帝整合于一身的是秦始皇。公元前221年，秦王嬴政攻灭六国，统一天下。为有效地统治天下，他承袭了战国的天下体制，采取一系列措施治理秦朝。

首先，面对开创的新天下，最高统治者天子需要有一个新帝号，他最先要做的事就是议帝号。在《史记·秦始皇本纪》中有记载，秦王说："寡人以眇眇之身，兴兵诛暴乱。赖宗庙之灵，六王咸服其辜，天下大定。今名号不更，无以称成功，传后世。

[1]［清］陈立撰、吴则虞点校：《白虎通疏证》卷一，北京：中华书局，1994年。

其议帝号。"丞相绾、御史大夫劫、廷尉斯等皆奏："臣等谨与博士议曰：'古有天皇，有地皇，有泰皇。泰皇最贵。'臣等昧死上尊号，王为'泰皇'。命为'制'，令为'诏'，天子自称曰'朕'。"秦王决定"去'泰'著'皇'，采上古'帝'位号，号曰'皇帝'"①，由此建立了中国历史上最早的"皇帝"称号，嬴政是中国首位皇帝，故称"始皇帝"。从此，"皇帝"一词作为华夏最高统治者的正式称号，成为中国两千多年来封建社会最高统治者的称呼。

其次，创立国家祭祀体系，建立神祠制度，用国家祭祀来宣告天子身份，以治理天下。西周时期的祭祀活动中，周天子为主祭，其他国君为陪祭，以体现天子治天下、统御万民，在隆重的祭礼中彰显君权神授。

《礼记·祭统》云："凡治人之道，莫急于礼；礼有五经，莫重于祭。"祭祀是国家最重要的礼仪，由皇帝参与的祭祀大典，包括两层含义：一是皇帝向上天表达自己的敬畏之情和忠孝之念，表示决心按照天制定或赞赏的法则治理臣民；另一层是象征

①[西汉]司马迁：《史记·秦始皇本纪》，北京：中华书局，1963年，第236页。

皇帝与天之间所具有的特殊的亲密关系，表示皇帝是上天在人间的代理人，受到天的特殊关注和庇佑。

秦始皇将统治区域内的重要神祠纳入国家祭祀体系，并派祠官管理。在国家祭祀活动中，通过皇帝与神祠间的礼仪宣告"天下"与天子的观念及其关系。对统治者来说，在各种祭祀活动中，最具政治意义的便是祭天和祭祖。秦始皇运用神祠信仰，通过相关礼仪，实现天与天子的联系，缔造秦国的宗教性天下概念。

汉并天下之后，刘邦承袭了秦的皇帝号与神祠制度，建构了由皇帝统治的汉天下。在皇帝的推动下，以儒家学说为基础的国家郊祀制度确立。皇帝以天子的身份进行天地祭祀，通过祭祀的一系列仪式，以"绝地天通"，沟通上天宇宙与王朝国家，以君权神授作为其统治合法性的基础和终极来源。从此，天子在四季循环的特定节气里进行祭祀，以特有的祭祀仪式彰显受天命，从而治理天下，维持现有的伦理与社会秩序。

秦始皇创建皇帝制度之后，皇帝、天子二重身份系于一身，而为突出天子的神圣和皇帝的威严，规定皇帝乘舆六玺，皆以玉为之。乘舆六玺，即皇帝玉玺，有着皇帝系统与天子系统的区别，而且用法、场合也不相同。

皇帝系统有三玺：皇帝行玺、皇帝之玺、皇帝信玺；天子系统也有三玺：天子行玺、天子之玺、天子信玺。六玺依事务的不同而各有专用：皇帝行玺用于封国，皇帝之玺用于赐诸侯王书，皇帝信玺用于发兵征大臣，天子行玺用于册封藩邦，天子之玺用于祀天地鬼神，天子信玺用于发兵征外藩。从中可以看出，玉玺的使用方式和对象各有区别，皇帝系统的玉玺基本是对内，主要是任命王侯、慰劳和回复时使用；而天子系统的玉玺则是对外，主要是任命藩国君主、赐书、慰劳时使用。其实秦始皇在天下初定时，为显示其"受命于天"的神圣性，还特意用和氏璧镌刻了一方玉玺，方圆四寸，螭虎钮，篆刻"受命于天，既寿永昌"八字，乃丞相李斯所书。这方玺在汉代称为传国玺。

据说公元前206年，刘邦入咸阳至霸上，秦王子婴奉玺而降轵道旁。汉并天下，高祖袭秦制，随身佩蓝田玉玺，秘不示人，把它视为受命于天、受之于运、继承天下的瑞命，世世传授，称"汉传国玺"。隋灭陈后，改称传国玺为神玺，还发展出专门为封禅之用的受命玺，玺上刻文有"受天之命，皇帝寿昌"。

皇帝和天子是帝王在不同场合的不同称呼，也反映了帝王同时具有不同的两个侧面，这一点在皇帝的即位大典礼仪式中最能体现出来。像汉代皇帝即位礼仪是按照先天子即位后皇帝即位的顺序进行的，正表明皇帝和天子是帝王的两个侧面。

在隋唐时期的皇帝祭祀体系中，国家祭祀分为大、中、小三个等级。三个等级的祭祀对象和祭品是不同的，大祀天地，中祀日月星辰，小祀司命以下；大祀用玉帛牲劳，中祀用牲币，小祀仅用牲。针对这三个等级的祭祀，皇帝都有相应的祝祭文，祭文抬头的皇帝自称，随着祭祀对象的不同而有变化。

皇帝在祭祀天地系统诸神时自称"天子"，祭祀祖先及其他的人格神时则自称"皇帝"。天子自称有"天子臣某""天子某""天子"三种，分别对应三个祭祀等级；皇帝自称有"皇帝臣某""皇帝某""皇帝"三种，同样是对应三个祭祀等级。有学者认为，在大祀、中祀时，如果皇帝在记录祝文的祝版中直接写上自己的讳（某）的话，那么该祭祀就可能委托给有司代为主持。

这种有司代行称作有司摄事。①

　　"由于祭祀等级象征着权力的等级，国家祭祀的主祭身份象征着国家的权力。历代皇帝对主祭身份最为看重，他们垄断对天、地、人三界主神的主祭权。在郊祀、宗庙、国家社稷的祭祀以及封禅、明堂等国家大典的祭祀活动中，行使主祭权的只能是皇帝本人。"②

　　敬天法祖是中国古有的传统，孔子曾说："万物本乎天，人本乎祖，此所以配上帝也；郊之祭也，大报本反始也。"孔颖达解释说："天为物本，祖为王本，祭天以祖配，此所以报谢其本。"③

　　中国古代皇帝祭祀包括郊祀祭天和宗庙祭祖两部分。皇帝秉天意而治万民，应该恪尽职守，积极参与祭祀。《礼记》中有"丧不废祭"的记载，就是说王即使遭遇丧事，一般的祭祀可以不举行，但对天、地、社稷的祭祀则要越绋而行。西汉末年，随着儒教的正式确立，皇帝祭祀也以儒家经典为依据，

①［日］金子修一著，肖圣中、吴思思、王曹杰译：《古代中国与皇帝祭祀》，上海：复旦大学出版社，2017年8月。
②廖小东：《政治仪式与权力秩序：古代中国"国家祭祀"的政治分析》，北京：中国社会科学出版社，2014年，第153页。
③［东汉］郑玄注、［唐］孔颖达疏：《十三经注疏·礼记正义》卷二十六《郊特牲》，北京：中华书局，第568页。

形成郊祀和宗庙制度。

历代王朝的郊天，以南郊祭天为主；宗庙祭祀则以太祖的神庙即太庙为主。郊庙祭祀是中国古代重要的礼仪活动。皇帝亲祭是相对于有司摄事而言的。皇帝通过亲祭确立自身权威，彰显王朝正统性。

郊庙祭祀是皇帝的特权，其祭祀对象是昊天上帝与祖灵。汉唐时期，宗庙制度变化不大，而郊祀却在汉、唐间发生很大变化。首先是祭祀次数增加。到唐代，南郊祀天每年举行四次。其次是有司摄事制度的确定。唐代频繁的南郊祀天，皇帝不可能次次躬亲，所以就产生了有司代皇帝行祭的制度，皇帝只是在特定的情况下实行亲祀。有司摄事制度对官员品级有严格的要求，都要在三品以上，开元二十五年（737）对摄事官员的选择标准略有增加，开始要求官员的德行和尊望，但对官品仍坚持三品以上的基本标准不变。

在唐代的大祀、中祀和小祀三个等级中，皇帝一般在大祀和中祀时要亲祀，这是原则；小祀则是有司代行，皇帝派遣臣僚代表自己来祭祀，文献称"有司摄事"。

皇帝亲祀有一整套的仪式程序，包括提前发布敕诏，宣布实施亲祀，礼部决定卜日、斋戒等仪注，还有准备相关的卤簿、仪仗、随行官员、使节、护卫等一系列事宜。有司摄事的规模、仪程相对简化很多，甚至形式化，受到诟病。根据《新唐书·礼乐志》记载，一年内定例中的正祭，皇帝亲祀的有 22 次，但皇帝一般都不能一一亲祀。中祀以上的亲祀，皇帝只是在祝文上亲笔签署名讳就行；以郊庙为首的众多祭祀都为有司摄事。有学者对唐代皇帝亲祀进行研究后认为，唐代皇帝不定期举行的亲祀带有特殊性，也突出其政治性和世俗性。

武周政权时期的亲祀，伴随着大赦、改元等新的特征。有学者认为，"伴随着亲祭而进行的大赦和改元，便将亲祭的恩惠扩大到参加者和相关人员以外的一般民众，同时通过在大赦文中表明亲祭实施的理由，可以提高人民对亲祭的关心"①。这是武则天利用亲祀达到政治目的的表现。

以唐玄宗天宝元年（742）为界，可将唐代皇帝的郊庙亲祀分为前、后两期：前期亲祀类型相对较少，太宗、高宗朝均是在即位的第二年冬至于南

① [金]金子修一著，肖圣中、吴思思、王曹杰译：《古代中国与皇帝祭祀》，上海：复旦大学出版社，2017 年 8 月。

郊亲自郊天，在次年亲谒太庙之后紧接着进行籍田亲耕。这种即位后的"南郊—太庙—籍田"的亲祀形式在武则天称帝时期中断，并没有成为日后的规范。

这期间，贞观十七年（643）的太庙、南郊亲祀，是唐代郊庙亲祀被政治利用的最早例子。贞观十七年（643）四月，皇太子李承乾与魏王李泰因皇嗣之争，双双被废黜，皇九子李治被立为太子，四月十一日的临时庙祭，是向祖灵告罪的道歉之举。当年冬至日的亲郊，是以巩固皇太子的地位为目的，有明显的政治倾向。

唐代后期，伴随着大赦、改元等世俗性行为，亲祀逐渐得以完善，祭祀类型和程序逐渐定型。在后期的郊庙亲祀中，玄宗朝是值得关注的，这是因为"其一是玄宗作为唐代皇帝中唯一一人在即位后进行了谒庙，其二是从天宝年间开始祭祀老子庙的太清宫"①。唐玄宗将供奉圣祖老子的太清宫祭祀纳入唐代后期的亲祀系统，是唐代后期亲祀的最大特色。天宝十载（751）正月初八、初九、十三日，以"太清宫—太庙—南郊"为顺序，每日亲祀一处，成为唐代后期亲祀的

① [金]金子修一著，肖圣中、吴思思、王曹杰译：《古代中国与皇帝祭祀》，上海：复旦大学出版社，2017年8月。

标准范式，具有划时代的意义。

另外，代宗即位后次年进行亲祀，路线为"太清宫—太庙—南郊"，并进行大赦，开启了即位次年将亲祀与大赦紧密联系的时代。从德宗开始，确立了即位次年正月的亲祀程式，亲祀当日的大赦、改元等世俗性质逐渐加强；皇帝在长安城中，从大宁坊的太清宫到皇城的太庙，再沿着朱雀大街到南郊的圜丘，向长安市民展示天命所归、皇权神授、天下升平的气象，祈求天神地祇的保护，以抬高帝王地位，提升市民对皇帝祭祀的关注。安史之乱后，在长安城中连续三天进行声势浩大的祭祀仪程，显然是强化统治合法性的宣传，而这对处于国力衰落、政治动荡的晚唐皇帝尤为重要。

当然在唐代，并不是所有的皇帝都进行过郊庙亲祀，其中顺宗和哀帝就未亲祭郊庙。顺宗在位时间不足一年，且身患重疾，没有机会亲祀。而唐哀帝即位时，唐朝已经名存实亡了，他本人只不过是节度使朱温的傀儡。哀帝即位后，已经下旨于次年在洛阳南郊祭天，但遭到朱温的反对，祭日一推再推，最后不了了之。

第五章

圜丘祭祀的相关制度

《大唐开元礼》编纂成功时，圜丘祀天就逐步形成完备的祭祀管理体系，包括管理机构，礼官的选任，祀典的礼仪、祭器、祭品、祭服、仪仗、乐舞等，这套体系体现出唐代国家在礼制方面的高效性和严密性。

第一节　祭祀的管理与施行

　　圜丘祭祀是唐代国家祭祀体系的重要组成部分，为维持圜丘祭天的权威性，确保祭祀的有序进行，唐王朝建立了一套完整的管理制度，以保证祭祀体系的正常运转及祭祀活动的正常进行。圜丘祭祀的完备制度包括管理与服务机构、祭祀人员保障、礼律条文规范等方面，三者有机结合，共同促进唐代圜丘的管理及祭祀活动的有序进行。

　　唐代中央管理礼仪的部门是尚书省的礼部和九寺的太常寺。

　　礼部是尚书省下设的六部之一，执掌礼仪、祭享、贡举之政。礼部尚书、侍郎负责国家礼仪的宏观运作，礼部"掌天下礼仪、祠祭、燕飨、贡举之政令"，其下辖四司，分别是礼部司、祠部司、膳部司、主客司，有郎中与员外郎。礼部郎中、员外郎负责皇后、皇太子、太子妃、诸王妃及公主的册命和告庙活动。祠部郎中、员外郎负责宗庙祭祀中的斋戒等礼仪之事。膳部郎中、员外郎"掌邦之祭器、牲豆、酒膳,辨其品数,及藏冰食料之事"。

太常寺系九寺之首,是负责郊庙礼乐和祭祀事务的机构,掌管礼乐以事郊庙社稷。太常寺长官为太常卿,"掌邦国礼乐、郊庙、社稷之事",还有少卿、太常寺丞,下领主簿、协律郎、奉礼郎、博士、赞引、太祝、祝史等职,主要负责主持太常寺内部事务。太常寺下辖八署四院,"以八署分而理之:一曰郊社,二曰太庙,三曰诸陵,四曰太乐,五曰鼓吹,六曰太医,七曰太卜,八曰廪牺。总其官属,行其政令"[①]。四院分别是天府院、御衣院、乐悬院及神厨院,负责贮备礼乐器物。"凡备大享之器物有四院,各以其物而分贮焉。一曰天府院,藏瑞应及伐国所获之宝,禘祫则陈之于庙庭。二曰御衣院,藏乘舆之祭服。三曰乐悬院,主藏六乐之器物。四曰神厨院,

① [唐] 李林甫等撰、陈仲夫点校:《唐六典》卷十四《太常寺》,北京:中华书局,1992年,第394页。

主藏御廪及诸器物。"[①]

与圜丘祭祀相关的有郊社、太乐、鼓吹、廪牺等署，设置有令、丞、府、史、典事、掌故等官职。郊社署掌管两京的五郊、社稷、明堂的祭祀仪式、郊庙祖位的供养、神御之物的供奉之事。太乐署作为太常寺的核心机构，专掌乐工习乐之簿籍以及教乐人调和钟律用于邦国之祭。鼓吹署主要负责盛典、礼仪、郊庙、祭祀、皇帝专用卤簿的鼓吹之乐。廪牺署掌管荐享所用牺牲及粢盛之事。汾祠署负责祭祀前的洒扫之事。

唐代中后期，太常寺形成以太常博士自专的太常礼院，"有太常博士、礼生、礼直等，负责讨论礼仪、仪式之细节以及议谥。礼院以博士自专，凡事不必禀告太常卿、少卿，是相对独立行使礼仪之职的实权机构"[②]。礼部主管礼乐政令，太常寺主管礼乐事务，职责分明，分工明确，密切配合，互相制衡，在国家政务裁决和执行过程中构成一个有机的整体，共同完成有关礼乐职事。唐高宗以后，礼部尚书司礼之责日益淡化，

①［唐］李林甫等撰、陈仲夫点校：《唐六典》卷十四《太常寺》，北京：中华书局，1992年，第394页。
②孙晓辉：《两唐书乐志研究》，上海：上海音乐出版社，2005年，第273页。

与此相对的是，太常卿的司礼职能逐步加强。不仅如此，太常博士等太常寺礼官的职能也得到了加强。

另外，其他的机构因职能的缘故，在祭祀活动中承担着相应的管理职能。

门下省下辖的殿中省，掌皇帝生活诸事，下设尚食、尚药、尚衣、尚舍、尚乘、尚辇六局。设殿中监，"掌乘舆服御之政令"，"备其礼物，而供其职事"。殿中少监在祭祀时，负责向皇帝进送大珪、镇圭，礼毕则藏。在国家祭祀时，殿中省各局负责祭享的食物、礼服、行宫、乘舆等事宜。

光禄寺掌酒醴膳馐之政，总领太官、珍馐、良酝、掌醢四署，设卿、少卿、丞、主簿各一人。卿掌祭祀、朝会、宴飨酒醴膳馐之事，修其储备而谨其出纳之政，少卿则在祭祀时，监督省牲环节中的牺牲洁净与否，在三公摄祭时，还要担负终献之职。下辖太官署掌祠宴朝会膳食及祭祀当日省牲祭器、祭品的供应，设于馔幕之内。珍馐署掌供祭祀、朝会、宾客的多种美味，充实笾、豆，服务于祭祀。良酝署负责祭祀的"五齐三酒"之事。掌醢署在祭祀中负责掌供醯醢之物。

卫尉寺的主要职责是负责国家器械文物的管理与使用，下辖武库、武器、守宫三署。卫尉寺少卿管理进入京城的天下兵器，在祭祀时，负责提供羽仪、节钺、金鼓、帷帟、茵席等器具。下辖的武器署掌管由外藩所入之武器，在祭祀时以供卤簿之需。守宫署负责国家供帐之事，祭祀时，设诸王公大臣之帐。

这些机构各司其职，分工协作，相互配合，相互监督，相互制衡，形成稳定有效的协作局面，保证国家祭祀的神圣与威严。无论祭器、祭品、祭服的选择，还是仪仗、乐舞等卤簿的准备，都能做到井井有条，繁而不乱，紧密衔接。

礼仪使是独立于礼部与太常寺之外的一个专司礼仪的职务。唐朝的礼仪使有常设与临设两类。

常设礼仪使，负责朝廷日常礼仪的制定，即专掌五礼。其设置于开元十年（722），是"开元中构建盛世、更张礼仪的需要"[①]。礼仪使的职责是总领礼仪诸务，多由太常卿、少卿兼任。逢大典时，礼仪使引导皇帝，完成礼仪仪式。

[①]吴丽娱：《营造盛世大唐开元礼的撰作缘起》，《中国史研究》，2005年第三期。

　　另一类为临设礼仪使，始置于睿宗景云元年
（710），一般由宰相临时兼任，主要是为国丧或者
郊庙大礼。建中元年（780）临设礼仪使停置，此后
不再设此职。而常常是在逢郊祀大礼时，指定由太常
卿充任，礼毕则复原职，成为一种专门的仪式差遣。
由于礼仪使多为临时设置，导致太常博士与太常礼院
在礼仪中的作用突显，南郊、太庙、宗祠等礼仪大事
由他们决策。随着政治地位的上升，太常博士积极参
与政治，礼官角色得到强化。

　　祭祀礼仪的制定与实施是国家祭祀的重要内容，
一向受到国家与帝王的高度重视。负责国家祭祀典礼
的礼官责任重大，他们不仅要负责国家礼仪典章的制
定，还要参与或主持礼仪的具体过程。

　　唐代礼官的选任，除具备一般官员所要求的素质，
对德行和文才方面的要求也相当高。就拿正三品的礼部
尚书来说，担任这一职位的基本是一代名臣，像李纲、
唐俭、房玄龄、温大雅、陈叔达、刘洎、于志宁、许敬
宗等人都博识通达，礼学素养突出；还有像权德舆、裴
炎、独孤颖、李泌、张允、褚无量、李绛、裴休等人，

都德高望重，温雅博识，文才出众。

太常博士是太常寺从七品的官员，虽品阶较低，但政治地位较高，是最有前途的官职之一。太常博士作为常参官，又拥有专业的礼乐才能，执掌事关朝廷礼仪的大事，故其选任不通过吏部铨选。一般有两种途径：一是通过制举考试登科者，以非常之才获敕授；二是通过举荐，以礼学专长或博学多能而被举荐。

太常博士虽属太常寺，但有独立行使礼仪之职的权力。身为太常博士，要具备耿亮之节、正直之心，要能劝善惩恶、敢于直言、秉公判断，要求有很强的自主意识，所以太常博士往往是很多文人最初的选择。有才能的文人初入仕途，多任此职，如权德舆、杨巨源、皮日休、顾云初、萧楚才、徐岱、杨嗣复、钱诩、崔元翰、李吉甫、崔龟从、陆质、褚亮、张荐、李商隐、赵光逢、张潜、裴守真等。

我们熟知的著名诗人贺知章便任过太常博士，历任太常少卿、礼部侍郎、集贤院学士等。另一位著名的太常博士权德舆，仕宦显达，以文章著称，少有才气，唐德宗闻其才，召为太常博士，改左补阙，兼制诰，进中书舍人，历礼部侍郎，三次知贡举。唐宪宗时，累迁礼部尚书、同平章事，后复拜太常卿，徙刑部尚书等，韩愈评价其为"是生相君，为朝德首。行世祖之，文世师之"①。唐代官员以任太常博士而进入礼官系列，不仅上升空间大，而且仕途亨通，升迁较快。

---

① ［唐］韩愈：《唐故相权公墓碑》，《韩愈文集汇校笺注》卷二十，北京：中华书局：2010 年，第 2167 页。

第二节　圜丘祭天设位、方式

　　圜丘祭天是唐代重要的国家祀典，位列大祀之首。依《大唐开元礼》的规定，祭祀对象是以昊天上帝为主的众天神，包括五方帝、日月、北斗五星、十二辰、河汉、内官、天皇大帝、天一、太一、紫微、大角、摄提、太微、太子、明堂、轩辕、三台、五车、诸王、月星、织女、建星、天纪及二十八宿等星宿之神，这些神在圜丘坛都有相应的位置。

　　经考古发掘，隋唐圜丘确认是四成十二陛，坛外有三重壝，还有大营的存在。大营以内，都是诸神分布的空间，根据等级不同，从坛中心向外依次排布，其中，坛体四等上神位的布设有明确的文献记载。圜丘坛有十二陛，是取法地有十二辰，以子午为轴线，将圜丘的每层分成十二个空间，在坛上各层分布的神主均有相应的位置。

　　隋唐两朝的冬至圜丘祭天，筑坛形式基本相同，祭神布设也大体相同。圜丘坛上层设位是昊天上帝和配帝，隋唐不同时期，配帝发生变化，但主祭的昊天上帝没有改变。第二层设位五方上帝和日月共7座。五方上帝分别是东方青帝灵威仰、南方赤帝赤熛怒、中央黄帝含枢纽、西方白帝白招矩及北方黑帝叶光纪。第三层设位北斗五星、十二辰、河汉、内官等，包括天皇大帝、天一、太一、紫微等共55座。第四层设位中官市垣、帝座七公、日星、帝席、大角、摄提、太微、太子、明堂、轩辕、三台、五车、诸王、月星、织女、建星、天纪等及二十八宿共136座。另外在坛体外内墙之内，祀外官设位111座，在内墙之外祀众星设位360座。这些在坛上的神座分等陈列在十二陛间。

　　祝文是祭祀时告祭天地神灵，或赞美，或祈福，或歌功颂德，沟通人神的一种文体。祝文的产生与祭祀活动有着密不可分的关系。"祝"，在《说文解字》中解释为："祝，祭主赞词者。""祝文"的"祝"字就像人跪下进行祷告的样子。《礼记·礼运》解释"祝"

为主人飨神辞也。可见，祝文就是主人向神或先祖请
求庇佑之文。

周礼中就有太祝一职，掌六祝之辞，以事鬼神，
作六辞以通上下亲疏远近。唐代太祝三人，为正九品
礼官。太祝在皇帝祭祀天地的活动中，主要负责在太
庙迎神。在祭祀过程中，当皇帝受玉帛时，太祝负责
取玉帛。另外，太祝的重要职责是持版进于神座之右，
跪读祝文。

祝文没有统一的格式，一般是以"维"或"伏"
字开头，以"尚飨"或"宜其来享""宜其来格"等结尾。
最早以祝文命名的是西汉董仲舒的《祝日蚀文》。南
北朝时，盛行骈体文，祝文受华丽文风的影响，注重
文采与修辞，多为四言韵文，格式固定。唐代祝文已
经具备了固定的章法，一般以"维年月日，天子臣某"
开场，以祈求语"尚飨"收尾。

祝文多用于重大祭祀场所。唐代皇帝郊祀祭享的
祀神祝文，一般由翰林院草拟，书写于祝版之上。帝
王祭祀天地、先祖时，祝文要求文字庄重典雅。通过
祝文，达到悔过自新、重振朝纲的政治目的，也会祈

祷上天福佑，风调雨顺，国泰民安。祝版一般亦写作"祝板"，是祭祀时主祭者向祭祀的神祇祈祷时所用的工具。书写祝文的木版，一般用楸木或梓木，长一尺一分，广八寸，厚二分。

唐代圜丘祀天，多由皇帝亲祭，或者由大臣代表皇帝祭祀，所以祝文往往以"天子臣某"开头，以《大唐开元礼》中的一段祝文为例：

维某年岁次月朔日，子嗣天子臣某，敢昭告于昊天上帝：大明南至，长晷初升，万物权舆，六气资始，式遵彝典，慎修礼物，上辛云："唯神化育群生，财成庶品，云雨作施，普博无私，爰历启蛰，式尊农事。"雩祀云："爰兹孟夏，龙见纪辰，方资长育，式尊常礼，敬以玉帛牺牲，粢盛庶品，恭致燔祀，表其寅肃。"敬以玉帛牺齐，粢盛庶品，备兹禋燎，祈荐洁诚，高祖神尧皇帝配神作主。[①]

在完成祭祀昊天上帝后，还要祭祀配帝高祖神尧皇帝，同样要读祝文。此时，皇帝就是以子

①《大唐开元礼·吉礼·皇帝冬至祀圜丘》，影印东京大学东洋文化研究所大木文库藏光绪十二年洪氏公善堂刊本，北京：民族出版社，2000年。

孙身份祭祀，太祝东向跪于高祖神尧皇帝左前方，祝文以"皇帝臣某"身份开头：

> 维某年岁次月朔日，子孝曾孙开元神武皇帝臣某，敢昭告于高祖神尧皇帝：履长伊始，肃事郊禋，用致燔祀于昊天上帝。伏唯庆流发，德冠思文，对越昭升，永言配命，上辛云："时唯孟春，敬祈嘉谷，用致禋祀昊天上帝。伏唯高祖，睿哲循齐，钦明昭格，祭祀之礼，肃奉旧章。"雩祀云："时唯正阳，式遵恒典，伏唯道叶乾元，德施品物，永言配命，对越昭升。"谨以制币牺齐，粢盛庶品，式陈明荐，侑神作主，尚飨。①

在古代的祭祀活动中，根据祭祀神祇的不同而采用不同的祭祀方式，所以国家重视对不同种类祭祀神祇活动的规定。圜丘祀天活动中的斋戒、三献，以及参加祭祀的人员规模、燎祭方式、乐舞宫悬规模等，都对圜丘祭祀的规模具有很大的影响。

圜丘祀天的主要方式是禋祀。所谓禋祀，就是先燔柴升烟，再加牲体、玉帛于柴上焚

① [宋] 王溥：《唐会要》卷九《杂郊议》，上海：上海古籍出版社，2006年，第211页。

烧，其目的是为了让天帝嗅味以享祭。古人认为，祭祀天神必须按着特定的仪式，向神灵致敬和献礼。天神高高在上，必须把牲、玉等祭品加于柴堆上，燔柴升烟，烟气升腾，直达高空，这样天神才容易接受。地祇在地下，祭祀时，要在地面挖个坑，将祭品瘗埋进去，地祇才会知道人们正在祭祀他，才能接受祭品。到了唐代，仍然采用这种祭祀方式，《唐六典》明确记载，凡是祭祀天神以及日月、星辰等诸神时，所奉献的祭品玉帛，一定要焚烧，随着烟气升腾，才能让神灵嗅到；祭祀地祇以及社稷、山川、五岳诸神时，则要挖坑瘗埋祭品。隋唐圜丘祭天，祭祀的神灵是昊天上帝，必须采用燔柴焚烧牲体、玉帛的方式。其程序是在郊祀结束后，将祭祀的牲体、玉帛收集起来，集中送到燎坛，放置在燎坛的柴火上燔烧，青烟袅袅升腾起来，完成燎祭。燎坛位于外壝之内，乐悬的南侧，坛方一丈，高一丈二尺，开上，南出户，六尺。

　　斋戒是祭祀前准备性礼仪的重要环节。天子和参与祭祀的群臣都要斋戒。斋戒，就是沐浴更衣、整洁身心，以示虔诚庄敬。

　　斋戒有散斋和致斋两种形式。散斋，也称散齐，是相对致斋而言。皇帝行散斋，即在宫中斋戒，斋戒期间内不御（不近妃妾）、不乐（不举乐）、不吊（不吊丧）。群臣行散斋，就是要求白天正常处理政务，晚上可在家正常就寝，但是不得吊丧问疾，不判刑杀文书，不决罚罪人，不预闻秽恶之事。致斋是相对比较严格的斋戒。一般皇帝致斋三日，两日在太极殿，一日在行宫，"惟为祀事得行，其余悉断"。

　　圜丘属于"大祀"，斋戒最为严格，斋戒七天，必须散斋四日，致斋三日。当皇帝亲祀圜丘时，必须散斋七日。文武大臣要在殿庭陪同守斋。皇帝致斋前，要为皇帝在太极殿准备御帐；致斋之日，皇帝要入住正殿——太极殿。这时，要举行极其烦琐的仪式恭迎皇帝致斋。皇帝着衮衣和旒冠，乘舆车进入斋室进行斋戒。

　　圜丘祭天的仪式程序中，有向神祇三次奠酒的礼仪，即初献、亚献和终献，合称"三献"。担任献酒的礼官在各类执礼人员中地位最重要。在皇帝亲祭的场合，一般由皇帝担任初献，太尉为亚献，光禄卿为终献。《唐六典》对于三献有明确规定，当国家进行祭天等大祀时，如果皇帝举行亲祭，则由太尉担任亚献，光禄卿担任终献；如果是有司代为行祭，则由太尉担任初献，太常卿担任亚献，光禄卿担任终献。中宗时，祭天大典发生变化，首次出现皇后参加典礼的情况，且三献礼中皇后担任亚献。德宗时，以皇太子担任亚献，亲王担任终献。这种祭天大典中三献传统的改变，表现出国家大祭更趋于皇帝家族化的趋势。

第三节　圜丘祭天的祭器、祭品

　　祭器、祭品是祭祀中的供馔之物，而祭服则是参加祭祀的人员所穿的服饰，这些均是礼仪制度的外化形式。根据祭祀者对受祀神祇的尊重程度而选择相应等级的祭器与祭品，参加祭祀的人员依据级别穿着不同的祭服，这一切无不是礼仪等级的体现，在祭祀过程中都占据重要的地位。对于国家最高级别的圜丘祭天，为确保祭祀的过程完整有序，不仅设立专门的机构管理祭器、祭品、祭服，而且为保证祭器、祭品的数量、质量和颜色，还制定专门的律令。在唐律中，对祭器、祭品等有一个统一、宽泛的称谓，统称神御物。如果发生神御物的偷盗、毁坏等现象，则要进行量刑定罪。对于盗窃祭器、祭品等神御物，量刑最重，处流放2500里。如果弃毁神御物，也按盗窃罪处罚。

祭器与祭品配套使用，祭品盛放在祭器之中，敬献神祇。

祭器一般有鼎、爵、俎、簠、簋、笾、豆、筐、樽等；祭品为牛、羊、豕、羹、黍、稷、稻、粱、卟、枣、栗、榛、菱、芡、鹿脯、饼、菹、醢等。古代祭祀形成簋簠黍稷、壶卤酒醴、俎鼎之香、笾豆之实，完美地概括了祭器与祭品之对应关系。

古代祭祀过程中，对于祭器的数量、质量和颜色有相应的规定：①陶匏。"斋敬毕诚，陶匏贵质。"礼器樽、簋、俎和壶等以陶制为贵。"器用陶匏，以象天地之性也。"陶礼器是以泥土制成，最能顺天地之性，故采用这样的礼器来祭天。②蒲越稿秸。《礼记·郊特牲》云："莞簟之安，而蒲越稿鞂之尚，明之也。"以蒲及稿秸为席，以安置神主，"尊者以稿鞂，卑者以莞"。③鼎。要求为奇数，天子九鼎，多以青铜为之，有正鼎和陪鼎之分，以盛不同的牲肉。④笾豆，要求为偶数，竹制为笾，木制为豆。

祭品是敬献给神灵的物品，敬献祭品是祭祀活动中最重要的一环，通过祭品实现人神沟通，表达对神灵的崇敬和诚心。在不同时节、面对不同祭祀对象，祭祀所用祭品也有区别，祭品的准备与选择以及祭品的保管都是保证祭祀顺利进行的前提，因此对祭品的管理十分严格。对于唐代圜丘祀天的祭品，下面从"三牲"、玉圭、笾豆三个方面简单阐释。

三牲　"三牲"是对祭祀中牺牲供品的泛称。牺牲，就是供祭祀用的纯色体全的牲畜。纯色为"牺"，体全为"牲"。"牲"的本义指祭祀之牛。经传中常见的"三牲"，通常指牛、羊、豕。

牺牲并不仅限三种，通常包括豕、牛、羊、马、鸡、狗在内的牲畜，祭祀牺牲讲究肥腯，在祭祀前进行牢圈系养，以达到增肥增膘的效果，故这类牺牲称为牢；又根据牺牲搭配的种类不同而有太牢、少牢和特牲之分。太牢、少牢有两种解释：一种为太牢只指牲牛，少牢只指牲羊。《大戴礼记》："诸侯之祭，牲牛曰太牢，牲羊曰少牢。"另一种说法为：太牢指兼用牛、羊、豕三牲，《公羊传·桓公二年》何休注："礼，天子、诸侯、卿大夫牛羊豕凡三牲，曰太牢"；少牢指仅有羊、豕两种。

圜丘祭祀主要是牲牛，犊为贵。《礼记·郊特牲》和《礼器》都说郊天应该用特牲。唐代祀昊天上帝用苍犊；五方帝，方色犊；大明，青犊；夜明，白犊；神州地祇，黑犊。配帝之犊：天以苍，地以黄，神州以黑，皆一。

特牲只用一种类别的祭牲，起初只用于豕、牛、羊之类。特牲出现后，太牢专指牛和少牢专指羊的概念就消失了。《大唐开元礼》中，祭祀昊天上帝用特牛（犊一），先代帝王祭祀用太牢，风师、雨师等则用特羊一，但《唐六典》有"诸州祭岳镇海渎先代帝王以太牢，州县释奠于孔宣父及祭社稷以少牢"[①]的规定。显然在唐代，牺牲由高级到低级的次序为特、太牢、少牢。

祭祀牺牲的选择，以牛最为严格，在品类、大小、毛色、牝牡、数量等方面有着严密的制度。古代天地最尊，皇帝祭天用特牛。牛以小为贵，《礼记》曰："祭天地之牛，角茧栗；宗庙之牛，角握；（飨）宾客之牛，角尺。"以牛角大小表示牛的大小，牛角长一尺为大牛，即角尺；牛角长一握为中牛，即角握；牛角长如茧栗为小牛，即茧栗。小牛又称为犊。唐代祭祀昊天

① ［唐］李林甫撰、陈仲夫点校：《唐六典》卷四《尚书礼部》，北京：中华书局，1992年，第128页。

上帝用牲，"上帝、配帝用苍犊二"。牺牲从选择、牢养、宰割、毛血置馔、载肉鼎俎等环节都有严格的规定和步骤。唐代法律在牺牲准备不当方面有严厉的惩罚规定，"诸供大祀牺牲，养饲不如法，致有瘦损者，一杖六十，一加一等罪，止杖一百；以故致死者，加一等"[①]。牺牲及其制品敬献于神主前，待祭祀结束后，按不同的祭祀对牺牲进行处理，像圜丘即采取燔燎于柴坛。

俎鼎之香。古代祭祀，用牲肉献神灵，都盛于俎和鼎中。腥肉陈于俎中，熟肉盛于鼎中。《礼记·礼运》曰："玄酒以祭，荐其血毛，腥其俎，孰其肴，与其越席，疏布以幂，衣其澣帛，醴盏以献，荐其燔炙。"鼎有正鼎与陪鼎之分，所盛牲肉不同。

玉圭 大圭不琢。《墨子》中说到祭祀天帝所用的圭璧币帛，必须合乎大小标准。《周礼·考工记》中规定，祭祀日月、星辰时要用五寸的圭璧。祭祀天帝，沟通天、人，圭璧成为重要的玉礼器。玉帛制度是古代祭祀的重要内容，包括圭璧币帛等玉礼器和束帛。考古发现，在上古时代献玉祭神是重要的传统，

① [唐] 长孙无忌等撰、刘俊文点校：《唐律疏议》卷十五《厩库》，北京：中华书局，1983 年，第 280 页。

安徽凌家滩出土了斧、钺、戈等礼仪玉器，良渚文化遗址出土了琮、璧、钺等礼仪玉器。

大圭、镇圭与皇帝的冕服直接有关，是祭祀天地时天子所用的玉礼器。《周礼·春官宗伯·典瑞》有"王晋大圭，执镇圭"。圭，亦作"珪"，其形状有两种：一种上圆下方；一种上作三角形，下作方形。名称、大小也有多种，供不同的场合和不同身份的人使用，《周礼·春官宗伯·典瑞》有大圭、镇圭、桓圭、信圭、躬圭、谷璧、蒲璧、四圭、裸圭之别。大圭是最高规格的，唯皇帝祭天地时所用，《周礼·冬官考工记·玉人》记载，"大圭长三尺，杼上终葵首，天子服之"。镇圭，形状为上作三角形，下作方形，长度为一尺二寸，圭上缘装饰四镇之山。"镇，安也，所以安四方。镇圭者，盖以四镇之山为缘饰，圭长尺有二寸。"

大圭和镇圭应当同时使用，具体方式是，大圭插在大带和革带之间，镇圭则执于手中。

笾豆 笾豆之实。笾、豆是古代祭祀的重要物品，笾、豆数量的多寡最能体现祭祀的等级。《大唐开元礼》虽没有直接规定大祀、中祀、小祀的笾、豆数量，但将常祀的等级与笾、豆数严格对应，笾、豆所盛祭品与祭祀等级是严格对应的。笾为竹制，当用笾十二时，则盛放石盐、干鱼、干枣、栗黄、榛子仁、菱仁、芡仁、鹿脯、白饼、黑饼、糗饵、粉餈等祭品；豆为木制，当用豆十二时，则盛放韭菹、醢醢、菁菹、鹿醢、芹菹、兔醢、笋菹、鱼醢、脾析菹、豚胉、酏食、糁食。唐代祭天的笾、豆数量前后有变化，笾、豆所盛祭品与祭祀等级也是严格对应。《贞观礼》规定祀天，笾、豆各用四。《显庆礼》按以多为贵的原则进行规范，大祀为十二，中祀为十，小祀为八。《大唐开元礼》亦遵循此原则，遂成为定制。

簋簠黍稷、壶卣酒醴。黍稷属于五谷，作为祭品敬献。盛在祭器里用来祭祀的谷物，称为粢盛，"黍稷曰粢，在器曰盛"。粢盛通常用带壳的谷物，所盛之器为簋簠。簋一般盛黍、稷；簠一般盛稻、粱。若是只有一簋一簠时，则只盛黍和稷。祭品中敬献的酒，都是用糯米酿制的米酒，讲究"五齐三酒"，五齐，是按酒成色的清浊分为泛齐、醴齐、盎齐、醍齐和沉齐。泛齐，"成而滓浮泛泛然，五齐之中，泛齐味尤浊重。古贵质，故于大祭用之"；醴齐，"成而汁滓相将，上下一体，犹浊故也";盎齐,"成而翁盎然,葱白色";醍齐,"成而红赤色,稍清故也";沉齐,"成而滓沉转清故也"。三酒是按酒味厚薄分为事酒、昔酒和清酒。盛酒一般用壶、卣、樽、彝等。樽为盛酒、醴以献祭之器的统称,基本形制是口较大,容量多,足座实。樽"以小为贵",六樽由小而大排序为牺樽、象樽、著樽、壶樽、太樽、山樽。罍亦属樽类盛酒、醴器,体形最大,地位最低,居六樽之外,或附于六樽之后,古籍常以樽罍并称。在唐代,酒器数与祭祀等级之间没有对应关系,但五齐对应不同的樽:"以大樽实泛齐,著樽实醴齐,牺樽实盎齐,山罍实酒,皆二;以象樽实醍齐,壶樽实沉齐,皆二;山罍实酒四。"

第四节　圜丘祭天的祭服

　　中国古代的等级制度无处不在，贵贱有等、衣服有别。穿衣着裳也体现着贫富贵贱。冠服成为社会等级的象征，在儒家思想的支配下形成冠服制度，且被纳入礼制。在不同礼仪场合，王公贵卿冠冕有序，衣裳有别。

　　唐代皇帝的冠服制度非常复杂，根据不同场合可分为祭服、朝服、常服和冠服四类。其中祭服属于礼服，也称冕服。唐代皇帝有六冕：大裘冕、衮冕、鷩冕、毳冕、絺冕、玄冕。冕，就是大冠；服，就是鷩衣。主要由冕冠、玄衣、纁裳、白罗大带、黄蔽膝、素纱中单、赤舄等构成。在举行重大典礼时，帝王和百官都必须穿冕服。

　　冕服整体色调为上黑下红，绘章纹。区别冕服有两种指标：一种是冕冠上"旒"的数量、长度；另一种是章纹的种类和个数。所谓"冕旒"，就是冕冠前后的装饰，其数量及质料是区分贵贱尊卑的重要标志。通常用"冕旒"来代指皇帝，王维有著名的诗句"九天阊阖开宫殿，万国衣冠拜冕旒"。

六冕是针对不同的祭祀而设计的，"王之吉服，祀昊天上帝则服大裘而冕，祀五帝亦如之。享先王则衮冕。享先公飨射则鷩冕。祀四望山川则毳冕。祭社稷五祀则絺冕。祭群小祀则玄冕"①。

大裘冕 天子服饰中规格最高、最为庄重的一款衣服，只在天子祭拜天地神祇时才穿。"大裘冕"，顾名思义，就是身穿"大裘"，头戴"冕"。大裘冕用黑羊羔皮做成，领用黑缯，有冕无旒，前圆后方，前高后低，玄缯为表，朱缯为衬。由朱裳、白纱中单、革带、大带、蔽膝、剑、佩玉、大绶、小绶等构成。其形制为冕无旒，长一尺六寸，宽八寸，冕上用金饰，导以玉簪。裘用黑羔皮做成，玄领、襟、襟缘。朱裳，白纱中单，皂领，青襟、襟襈、裾，皮质革带用玉带钩，大带是面素里朱，外纯无华纹，上为红色，下施绿色，用以扣合衣服的纽结，一组为

① ［东汉］郑玄注：《周礼》卷二十一《司服》载《十三经古注》三，北京：中华书局，2014 年版，第 471 页，永怀堂本。

用。蔽膝和红色大裳同色。所佩鹿卢玉具剑有镖首火珠，用白玉双佩，大双绶长二丈四尺，五百首（经丝密度的单位），广一尺，用六彩的玄，黄赤白缥绿各色琳琅满目。小双绶长二尺六寸，色同大绶，二百五十首，其间穿有三玉环。袜、鞋均为赤红色。

大裘冕依周礼、遵古制、质古朴，但因不实用，武德四年（621）起实施，高宗显庆元年（656）被废置。这次还废置了除衮冕外的其他冕服。

虽然唐高宗已废除了这些冕服，但是"令文因循，竟不改削"。实际上，唐朝皇帝很少穿着大裘冕，"虽著在令文，不复施用"，取而代之的便是华丽的衮冕。至开元年间，皇帝仅使用衮冕与通天冠为祭服。

衮冕 在皇帝六冕里排第二位，仅次于大裘冕，是各种祭祀如祭拜宗庙及遣上将、征还、庆功宴、即位登基、加冠礼、册封皇后、元日受朝等仪典的礼服。自显庆元年（656）以后，皇帝祭天地时也改穿衮冕。

衮冕是衮衣和冕的总称。冕板用桐板，前圆后方，长二尺四寸，广一尺二寸，前后各有十二旒，每根旒串白玉珠12颗。冕板左右以红丝绳为缨，缨上挂黄玉小球，垂于两耳之旁，导以玉簪。衮服为上黑下浅红，十二章纹中，八章在上衣，四章在下裳。上衣的左、右肩和后衣领绣制日、月、星；龙纹绣在袖口、衣领上，以十二计数。蔽膝的钺上绣有龙、山、火三种章纹。下裳绣藻、粉米、黼、黻四种章纹。其他的配饰，制同大裘冕。衮冕的穿着场合比较多，在皇帝众多礼服中属于最为华丽的，上身率最高。

鷩冕 冕，八旒。七章。上衣有华虫、火、宗彝三种章纹，下裳有藻、粉米、黼、黻四种章纹。其他的和衮冕形制相同。有事远主则服之。

毳冕 冕，七旒。五章。上衣有宗彝、藻、粉米三种章纹，下裳有黼、黻二种章纹，其他的形制和鷩冕一样。祭祀山川河海等事项时穿着。

絺冕 冕，六旒。三章。上衣有粉米一种章纹，下裳有黼、黻二种章纹。其他的形制和毳冕一样。祭社稷、飨先农的时候穿。

玄冕 冕，五旒。上衣无章纹，下裳有黼一种章纹。其他的形制与絺冕一样。腊月祭百神、朝日夕月的时候穿着。

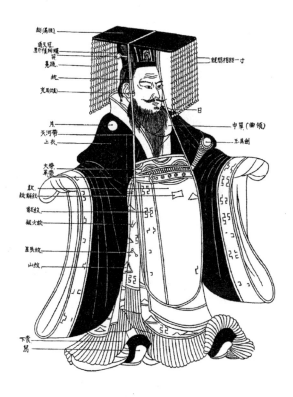

古代衮冕服

　　皇太子是皇位的合法继承人，而陪侍皇帝祭祀、谒庙等，也是皇太子的重要职责。皇太子的祭服为衮冕，其形制为"白珠九旒，以组为缨，色如其绶，青纩充耳，犀簪导。玄衣，纁裳，九章。五章在衣，龙、山、华虫、火、宗彝；四章在裳，藻、粉米、黼、黻。织成为之。白纱中单，黼领，青褾、襈、裾。革带，金钩、䚢，大带，素带朱里，亦纰以朱绿，皆用组。黻，随裳色，火、山二章也。玉具剑，金宝饰也，玉镖首。瑜玉双佩，朱组双大绶，四彩，赤、白、缥、绀，纯朱质，长一丈八尺，三百二十首，广九寸。小双绶长二尺六寸，色同大绶而首半之，施二玉环也。朱袜赤舄。舄加金饰"。

　　唐代官员的祭服，也称朝服或具服，有别于公服，是五品以上高级官僚在陪祭、朝贺、大宴会等重大政事活动的朝服。根据《武德令》规定，侍臣的祭服有衮、鷩、毳、絺、玄冕五种。不同品级的官员穿着不同的祭服。

　　一品服衮冕，其形制为垂青珠九旒，缨穗以一组为佩带，颜色和绶带相同，青纩充耳，簪导。青衣，纁裳，衣服上有九种章纹。上衣有龙、山、华虫、火、宗彝五种章纹，下裳有藻、粉米、黼、黻四种章纹。都是用绎色绣制。

二品服鷩冕，七旒，衣服上有七种章纹，上衣有华虫、火、宗彝三种章纹；下裳有藻、粉米、黼、黻四种章纹。其他形制的衮冕相同 。

三品服毳冕，五旒，衣服上有五种章纹，上衣有宗彝、藻、粉米三种章纹；下裳有黼、黻二种章纹。其他形制和鷩冕相同。

四品服絺冕，四旒，衣服上有三种章纹，上衣有粉米一种章纹；下裳黼、黻二种章纹。其他形制和毳冕相同。

五品服玄冕，衣无章，裳刻黻一章，其他形制与絺冕相同。

第五节 圜丘祭天的仪仗

制礼作乐是中国历代帝王治国的理想与追求。具有礼制色彩的车舆、冠服、乐舞，成为历代帝王标榜以礼治国的标志，也是他们强化等级之制的工具。皇帝制度下的祭祀活动，成为展示君权神授、皇权威严的绝佳舞台与机会。在大驾卤簿中，皇帝的车舆、冠服、乐舞器材的材质、颜色、规模等都有严格规定，并将车舆、冠服、乐舞等以律令的形式进行规定，其他人不得僭越。

圜丘祭祀的仪仗，称作卤簿，"天子出，车驾次第，谓之卤簿"①，即中国古代皇帝外出时扈从的仪仗队、警卫队，负责保卫皇帝的安全。卤簿之称始于秦汉，从汉代以后卤簿并非天子专用，皇后、妃嫔、太子、王公大臣等皆有卤簿，各有定制。《汉

① ［东汉］蔡邕《独断》，《四库全书》影印本，上海：上海古籍出版社，1990 年。

官仪》解释："天子出车驾次第谓之卤，兵卫以甲盾居外为前导，皆谓之簿，故曰卤簿。"意思是卤簿即"车驾次第"加上"兵卫以甲盾居外为前导"。卤簿的"簿"就是册簿的意思，就是把"车驾次第"和保卫人员及装备的规模、数量、等级形成文字的典籍。

卤簿制度经过汉魏两晋南北朝的发展，日趋完备，在车驾、护卫的基础上还增加了仪仗，包括执举金瓜、宝顶、旗幡；还有音乐演奏和舞蹈表演，逐渐变为兼具仪仗、乐舞、车驾、护卫等多种功能的一种制度。这种"明制度，示等级"的卤簿，更多地体现着等级、身份。《大唐开元礼》卷二《序例》中专门讲述卤簿，从天子、皇太后、皇后、皇太子直到四品官员，各有对应不同的卤簿。其中，排在第一的是"大驾卤簿"，即皇帝的仪仗。驾是皇帝出行的仪仗队，根据卤簿规模大小可划分为大驾、法驾和小驾。

大驾卤簿主要用于郊祀、纳后等国家隆重典礼，是仪仗使用最高级别，大驾将出，击鼓警严；大驾回鸾，击钟奏乐，仅鼓吹者就达 1838 人。法驾卤簿就是皇帝除过祭祀天地之外的方泽、明堂、宗庙时的仪仗，鼓吹者减少三分之一，减去太常卿，一般较大驾卤簿规格略小。小驾卤簿是皇帝出行时最简略的仪仗，鼓吹减大驾之半，一般是皇帝狩猎、拜谒陵园时所用。

大驾卤簿是皇帝出行时的车驾与警卫仪仗，兼具两个功能：护卫皇帝的人身安全和极力炫耀天子独尊的礼仪威严。大驾卤簿围绕这两个功能充分发挥作用，以不同的队列单元形式构成了整个大驾卤簿系统的结构体系。有先头的导驾仪仗；乐队、官员混编而成的引驾仪仗；皇帝的御驾，包括象辂、玉辂等；再就是鼓吹仪仗，这些仪仗前后左右均有护卫，组成庞大的大驾卤簿。

下面根据唐代《大唐开元礼》，对皇帝的"大驾卤簿"各组成仪仗进行简要的介绍。

导驾仪仗 导驾是大驾卤簿的先头部队，即开路先锋。唐代规定有六引，分别由万年县令、京兆牧、太常卿、司徒、御史大夫、兵部尚书组成，各乘辂按顺序依次行进。

六引之后是仪仗护卫队，分前、后两组卫队，前卫队是由并排的两个方阵组成，每个方阵都是由一名旗手、一名金吾折冲将军、两名武将各领40名骑兵组成；后卫队在骑兵方阵之后，也是由一名金吾大将军、一名金吾果毅各领 40 名骑兵、24 名铁甲骑兵组成方阵，其后是步甲队方阵，并排六行排列。

仪仗卫队之后是清游队，负责巡视清场，为大驾安全提供保障。清游队后是一名执朱雀旗的骑手统领的骑士方阵，由一名金吾折冲都尉和 40 名骑士组成，骑士或持横刀，或持弓弩。其后是龙旗方阵，12 面龙旗，两排并进。紧随其后的是车辆方阵，这是导驾仪仗的最末的方阵，包括指南车、记里鼓车、白鹭车、鸾旗车、辟恶车、皮轩车等车。每辆车由 4 匹马、14 名驾士组成。

引驾仪仗　是皇帝御驾前的乐队方阵、护卫仪仗方阵和陪同官员方阵的统称。引驾仪仗依次由前导、鼓吹、旗队、文武官员方阵，以及穿插在仪仗中的骑兵和步甲兵护卫共同组成。

前导方阵由骑兵组成，骑士共 24 人，分为 12 排，每排 2 人。一排持横刀，一排持弓箭，隔排列阵。

鼓吹方阵是引驾仪仗的核心，组成人员达 750 余人，队伍庞大，主要由指挥、鼓吹乐手组成。指挥 2 名，由鼓吹令负责。乐队的乐器分为三类：第一类是各种鼓，鼓是雅乐中种类最多的乐器，有六鼓之称，像楹鼓、大鼓、铙鼓、节鼓、小鼓、羽葆鼓等；第二类是吹奏乐器，像笛、箫、笳、筚篥等；第三类是打击乐器，像钲、錞、铙、铎等，合称四金。

旗队方阵，在鼓吹方阵之后。旗队是个混编方阵，以色彩斑斓的各式旗帜为主，其间还夹杂诸多小方阵，像文武官员方阵、御马方阵等。旗队方阵的旗帜有纛、麾、节、氅、旌、幡、幢等。以各色锦、缎、绫等为旗面，装饰珠络、羽毛等，色彩斑斓，旌旗猎猎，华丽中透着威仪。

文武官员方阵，前接旗队方阵，以龙虎旗导引。青龙旗居左，白虎旗居右。

皇帝御驾　皇帝的玉辂及其护驾是大驾卤簿的中心，紧随引驾仪仗之后。天子有玉辂、金辂、象辂、革辂、木辂五辂，各有不同的装饰，其中玉辂最为尊贵，以玉装饰，车上立着太常的大旗，旗有十二个飘带斿，旗上绘日月升龙图案。车轮、轮毂、车辖、车厢、轼、轭等装饰亦均有定制。玉辂前后由驭手和高级护卫簇拥，然后是宦官禁军将领，其外围则是禁兵方阵，防守严密。

禁兵之后才是仪仗，仪仗由各形扇和各色麾组成。

鼓吹方阵　其组成与引驾的鼓吹方阵相同，只是规模稍小。

车驾方阵　每种车驾的组成基本相同，都是由驭手、驾士、护卫、随行官员组成。大驾卤簿的车驾除过五辂外，还有各种辇，另外还有专供祭祀用的礼仪车驾，像指南车、记里鼓车、安车、四望车、黄钺车、豹尾车、羊车等。每辆车的卫队依所持兵器的不同，分为四行，每行持一类兵器，兵器有大戟、刀盾、弓箭及弩。随行官员骑马随着卫队而行。

后卫部队　也是仪仗的最后方阵。一般是由前后两个小方阵组成，每个方阵各由一位将军率领步甲兵。

每个小方阵是以黄麾仗做间隔。先导是一面旗，方阵中间是十二行的黄麾仗，方阵后面是旗阵和黄麾仗。所谓黄麾仗，就是由步甲兵组成的仪仗，兼有护卫与仪仗功能，护卫甲兵手持弓、刀、戟、盾等；仪仗甲兵持各类旗幡，以麾为主，有孔雀麾、鹅毛麾、鸡毛麾等。黄麾仗之前是步甲兵卫队，全副武装，盔甲护身，分持弓方队和持刀、盾方队，二方队相间排列，方队颜色统一。

黄麾仗之后是持㲃仪仗，再之后是旗队方阵。旗队由骑兵组成，各旗队所举之旗纹饰为传说中的神兽。

黄麾仗 旗队方阵之后的黄麾仗是大驾卤簿最后端的仪仗，人数可达 2000 人，浩浩荡荡，绵延数里。

唐代大驾卤簿是皇帝出行时的仪仗，为宣扬皇权至高无上，集护卫、仪仗、交通、舞蹈等功能于一体，规模宏大，参与人数达 15000 人左右。每逢皇帝出行，车辚辚、马萧萧，仪仗威严，气势非凡。

在仪仗之中，唐代皇帝所乘车辆也十分讲究。唐代皇帝的大驾卤簿中各类属车，分属两个不同的类别：一类是皇帝出行的服乘之用，共计有八类，即玉辂、金辂、象辂、革辂、木辂、耕根车、安车、四望车等；另一种则是为仪仗之用，称为属车十二乘，即指南车、记里鼓车、白鹭车、鸾旗车、辟恶车、轩车、豹尾车、羊车、黄钺车等。皇帝外出行幸时，此十二类车分前后列入卤簿队伍中；若举行大朝会时，十二类车则分列于左右两旁，是皇帝仪仗的组成部分。唐代十二属车有个发展过程，豹尾、黄钺二车是贞观之后新增加的车驾。黄钺车在天宝元年（742）改成金钺。以下就皇帝在祭祀等礼仪活动时乘坐的车驾作一简单介绍。

"天子五辂" 即祭祀等礼仪活动中皇帝所乘坐车驾的统称,五辂以装饰不同分为玉辂、金辂、象辂、革辂、木辂。玉辂、金辂、象辂得名,是因车驾分别用玉、金、象牙装饰车的各个部位的末端。革辂指车身的各个部分以皮革包裹,木辂是以漆漆于车身,这两类车驾上均彩绘图案。五辂的车轮用朱斑轮,每轮30根辐条,两辖(车轴两端的键)。车厢描金彩绘,车轼绘神兽纹,车轭饰龙首。车驾左侧立旌旗,一般画龙装饰,右插戟。唐代玉辂是青色,绘有青龙、白虎、金凤、神兽等图案;金辂是红色,象辂是黄色,革辂是白色,木辂黑质。唐朝五辂的车盖、旌旗的颜色皆与车身颜色一致,但是盖里皆用黄色。天子五辂均驾六马,马以黄金为文髦,插以翟尾,均以黄金装嵌。

五辂中以玉辂最为尊贵,主要是祭祀、纳后之用。《旧唐书·舆服志》详细描述了其装饰和形制:车厢二重,车驾左绘青龙,右画白虎,还有展翅金凤、神兽等装饰。车盖外青里黄,左车衡上有牦牛尾装饰的大旗。车轼饰金凤,车衡上有銮铃十二,其中有二铃在车轼上。

龙形车辕前设有障尘。车轮皆为朱斑重牙。车衡左侧立着十二旒的旌旗，旗上画着升龙，金龙头衔绶带和铃绶。右侧插着长戟。

金辂，是天子大朝、纳妃之用。与玉辂稍有不同，车轼饰伏鹿，车轮仅画朱牙，车衡左侧有旌旗九旒，右插长戟。

象辂，是天子视朝、平常出行之用。左侧旌旗为大赤旗，无画，不加彩绘。

革辂，是天子巡狩、临兵事之用。旌旗为大白旗。

木辂是天子田猎之用。

耕根车是天子每年春耕行亲耕籍田礼之用，青质，三重盖。安车是天子临幸之用。通车用金装饰，车厢壁弧曲，车衡有八銮铃，车覆外绛紫色里红色的帷幔，红罩缨，朱丝络网，用4匹赤色马驾驭。四望车是天子拜陵、临吊之用，制同犊车，1匹马驾驭，通车金饰，车衡有八銮铃，车覆外浅绛色里红色的帷幔，朱丝络网。

唐代皇帝的车辂制度有严格的规定，但并不是都能严格贯彻执行的。文献记载，唐高宗不喜欢乘坐辂车，每逢举行礼仪大典时，通常乘御辇出行。辇也是一种交

通工具，是用人力扛抬，最著名的就是阎立本绘的《步
辇图》中的辇。武则天以后的皇帝均沿袭了高宗的做法，
御辇出行逐渐成为礼仪活动的常制。玄宗时，认为皇帝
乘辇不符合礼制，又改乘辂车。开元十一年（723）冬，
举行南郊大典，玄宗乘辂前往，骑马而归。从此以后，
无论行幸还是举行郊祀大典，也不分路程远近，皇帝皆
骑马往来，遂使五辂与十二属车一样，全都排入仪仗之
列，成为天子卤簿的一部分，而失去了实际乘坐意义。

　　在大驾卤簿中，车舆有着强烈的等级色彩，是因为
车舆被看作是天地宇宙的象征，能别尊卑、定上下。车
舆的法象天地的特征始于先秦，"车之盖圆以象天，舆
方以象地。轮辐三十，以象日月。盖橑二十有八，以象
列宿。设和銮以节趋行，被旗旐以表贵贱。其取象也大，
其彰德也明，是以王者尚之"[①]。

---

① ［唐］魏徵等：《隋书·礼仪五》，北京：中华书局，1973 年版，第
199–200 页。

第六节　圜丘与唐代乐舞歌辞

　　在儒家传统文化中，礼乐并称，二者不可分割。礼乐之制是对天道自然秩序的遵从与模仿。《礼记·乐记》中说，因为大乐能与天地同协和，大礼能与天地同调节；因为协和，就能用来概括一切事物的本质，因为调节，就能用来祭祀天地。乐表现天地间的和谐，礼表现天地间的秩序。因为和谐，所以万物都能生长化育；因为秩序，所以一切事物都能有所区别。因为礼乐与舞蹈配合演奏，招致人鬼、天神和地祇而祭祀，使各国亲睦，民众和谐，宾客安定，远人悦服，动物繁生。礼乐教化的终极追求是天道，天道正是历代帝王建立统治秩序与法则的依据，也是帝王致力于礼乐建设的真正原因。礼乐文化在不同朝代都在沿袭和创新中散发着不同的生命力，这是中国礼乐文明延续的根本原因。

雅乐，就是国家在盛大仪典上所用音乐的统称，初创于西周。其因为典雅纯正，区别于燕乐、俗乐，是古代一种传统的宫廷音乐。雅乐是乐舞、乐歌、乐器相配合表演的音乐。它有强烈的等级色彩，是皇权的象征，也是儒家礼乐文化的重要组成部分。历代帝王都重视对雅乐的修订。唐代雅乐具有祭祀、典礼等仪式功能，是祭祀场合中人与天地、神鬼沟通的工具。

贞观二年（628），祖孝孙修订雅乐，取《礼记》"大乐与天地同和"，故制十二和之乐，号"大唐雅乐"，用于郊庙、朝廷，以和人神，寻求华夏正声。唐初雅乐作十二和以法天数，玄宗时又制三和，形成雅乐"十五和"，其后增造非一，颇无法度，皆随时制名。祭天神奏《豫和》，大历十四年（779），为避代宗李豫的讳，改《豫和》为《元和》。祭地祇奏《顺和》，祭宗庙奏《永和》，登歌、奠玉帛奏《肃和》，皇帝行及临轩奏《太和》，王公出入、送文舞出、迎武舞入奏《舒和》，皇帝食举及饮酒奏《休和》，皇帝受朝奏《正和》，皇太子轩悬出入奏《承和》，皇帝正至礼会登歌奏《昭和》，郊庙俎入奏《雍和》，酌献、饮福酒奏《寿和》。除过诸"和"外，这组乐章还有一篇《凯安》，是祭祀所表演舞蹈的名称。

在雅乐演奏过程中，往往伴随着固定的舞蹈表演，这类舞蹈分为文舞、武舞两类。文舞表现唐代帝王的文治与帝国的安定繁荣，武舞则表现唐代帝王的武功、国家开疆拓土的成就等。雅乐，根据乐器与乐工所处的位置分成"登歌"和"宫悬"两部分。"登歌"在殿庭内演奏，规模较小；"宫悬"又称为"宫架""宫县"，在殿庭之外演奏，可以容纳更多、更大的乐器，故规模较大。

《凯安》属于武舞，文舞称为《治康》，是唐贞观初年，更改隋代文武舞而成其名。文武舞均用于郊庙朝会，舞者各64人。凡初献作文舞，亚献、终献作武舞，太庙降神以文舞。后来文舞《治康》改为《化康》，以避高宗李治的讳。麟德二年（665）十月，文舞改用《功成庆善乐》，武舞改用《神功破阵乐》，并改器服。后来因为《庆善乐》不可降神，《破阵乐》不入雅乐，又改用《治康》《凯安》如初。

唐代圜丘祭祀歌舞的人数、用具都有严格的规定。

文舞郎、武舞郎各64人，加上引舞者10人，总计138人。文舞引舞2人手执纛，武舞引舞2人手执旌。其余的引舞人共12人，分为三组，第一组6人组成，4人执金镈，另外2人敲奏；第二组2人执铙；第三组4人，左、右各2人，左边人执相，右边人执雅。

祭祀时有相应的乐歌，由来已久，《周颂》就是祭祀天地的乐歌。祭祀仪式中的乐舞、乐歌以乐章的形式表现，以表达祈祷、祝颂等情感。

郊庙歌辞就是古代帝王在进行祭祀天地、宗庙、明堂、社稷、释奠、封禅等大典时，用来祈祷及颂扬天地、祖宗、先贤、先师的歌辞，配以相应的音乐、舞蹈所形成的集诗歌、音乐、舞蹈于一体的综合艺术形式。这类歌辞的目的性非常明确，"是礼赞天地祖先，沟通人神，乞求鬼神降福"①。

政局稳定、经济繁荣、文化发达，为唐代制礼作乐和创作郊庙歌辞提供了良好的环境和条件。在唐代，郊祀歌辞有官方和非官方两类，其中祭祀乐章是官方郊祀歌辞的重要形式；非官方的主要是

①闵祥鹏：《郊庙歌辞与唐代国家祈福禳灾观念》，《浙江学刊》，第2014年第4期。

陪祀官员或者文人学士围绕国家祭祀盛典，以个人名义，通过歌赋诗词，或铺叙盛典场面，或论说祭礼制度，或颂扬帝国声威。凡是围绕着国家祭祀礼仪展开、反映祭祀礼乐的歌舞乐赋，都属于郊祀歌辞。

据统计，《旧唐书·音乐志》共收录乐章 417 首，《乐府诗集·郊庙歌辞》收录乐章 395 首，《全唐诗》收录唐代乐歌 6 卷 368 篇。郊庙歌辞可分为郊丘、社稷、宗庙、祭祀、释奠、封禅、明堂七类，据祭祀对象和场合的不同，郊庙歌辞通常综合运用三言、四言、五言、六言、七言、杂言等多种形式。其中，《乐府诗集·郊庙歌辞》与圜丘相关的郊祀乐章在卷四至卷六，有贞观《唐祀圜丘乐章》、武后《唐享昊天乐》、中宗《唐祀昊天乐》、玄宗《唐祀圜丘乐章》等，以卷四的贞观《唐祀圜丘乐章》最为有名。

《冬至祀昊天上帝于圜丘乐章八首》是唐代著名的一组完整的祭仪乐歌，完成于唐太宗贞观六年（632），由褚亮、虞世南、魏徵等作，分为《豫和》《太和》《肃和》《雍和》《寿和》《舒和》《凯安》《豫和》8 首。具体用法在《旧唐书》卷三十中有规定：

"降神用《豫和》，皇帝行用《太和》，登歌奠玉帛
用《肃和》，迎俎入用《雍和》，酌献饮福用《寿和》，
送文舞出迎武舞入用《舒和》，武舞用《凯安》，送
神用《豫和》。"①

《全唐诗》中收录的《祀圜丘乐章》8 首，在形式
上运用了四言、五言和七言体，甚至还用楚辞体，以灵
活多变的句式和错落的乐舞组合表现祭祀过程的不同环
节。仪式举行时通常以乐舞伴奏，在最后送神时的《豫
和》章节，众神在悠远绵长的乐声中冉冉升空，伴随着
袅袅余音飘然离去，让神圣的祭祀留给人无限的想象。

豫 和

上灵眷命膺会昌，

盛德殷荐叶辰良。

景福降兮圣德远，

玄化穆兮天历长。

---

① [后晋] 刘昫等：《旧唐书》卷三十，北京：中华书局，1975 年，第 1090 页。

太 和

穆穆我后，道应千龄。

登三处大，得一居贞。

礼惟崇德，乐以和声。

百神仰止，天下文明。

肃 和

阊阳播气，甄曜垂明。

有赫圜宰，深仁曲成。

日丽苍璧，烟开紫营。

聿遵乾享，式降鸿祯。

雍 和

钦惟大帝，载仰皇穹。

始命田烛，爰启郊宫。

云门骇听，雷鼓鸣空。

神其介祀，景祚斯融。

寿 和

八音斯奏，三献毕陈。

宝祚惟永，晖光日新。

舒 和

叠璧凝影皇坛路，

编珠流彩帝郊前。

已奏黄钟歌大吕，

还符宝历祚昌年。

凯 安

昔在炎运终，中华乱无象。

鄷郊赤乌见，邙山黑云上。

大赉下周车，禁暴开殷网。

幽明同叶赞，鼎祚齐天壤。

豫 和

歌奏毕兮礼献终，

六龙驭兮神将升。

明德感兮非黍稷，

降福简兮祚休征。

官方的郊庙歌辞主要是祭祀时不断强调皇权威严及政治统治的合理性，故多表现君权神授、王命承天、天人合一的理念；郊庙歌辞多以人神交往、帝王崇德报功、天地护佑、百福降临为内容，通过奉神事神而达到治人的目的。

皇帝亲自参与的圜丘祀天是最隆重的国家祭祀，其场面、规模、气势以及其所蕴含的政治含义，对于有幸参加这样的国家祭祀盛典的官员来说，是莫大的荣耀。他们常常会用典雅溢美的文辞，以祭文祷语、赋颂诗歌的方式，描述记录国家祀典的仪式、场面。唐代的王勃、骆宾王、宋之问、陈子昂、崔融、张说、张九龄等都曾创作过与祭祀相关的赋颂类作品。诗人杜甫虽然并未参加祭祀盛典，但作为文人，亦投赋献礼以求跻身仕途，同时展示自己的才华与胆识。天宝九载（750），杜甫创作《朝献太清宫赋》《朝享太庙赋》《有事于南郊赋》三大礼赋，并投延恩匦以献。"帝奇之，使待诏集贤院，命宰相试文章"[1]，而后授以参军一职，杜甫从此步入仕途。

中唐文宗朝贾𫗧有一篇《至日圜丘祀昊天上帝赋》，此赋通篇交代了何以成圜丘、行礼何时、礼物为何、过程之大概、礼意之所在等，可视为圜丘祀昊天上帝礼典的实录。现抄录如下：

[1] [北宋]欧阳修、宋祁：《新唐书》卷二０一《杜甫传》，北京：中华书局，1975年，第5736页。

至日圜丘祀昊天上帝赋

惟天为大，惟圣奉天。所以就阳位，郊上元。礼高明之覆育，答生植之陶甄。告太一以祇敬，拥神休而吉蠲。于是米遗范于周，故封土以成丘；取法于干，故象形以应圆。顾椒糈之莫达，凭柴燎以斯传。是时星昏东壁，日躔南至。爰命有司，肃将祀事。罗幄帟以云黕，骈罍俎以鳞次。藉白茅兮取诸洁，荐苍璧兮象其类。皇威允穆，司仪辨等而以班；明德惟馨，祝史陈辞而不愧。于是启禁扃，警仙跸。千官拱立，六龙齐膝。济济锵锵，匪笔匪疾。奉常告备，乘舆乃出。覆玉叶之卿云，昭扶桑之初日。齐心涤虑，所以感无不通；乐遍礼成，故能神降之吉。观夫广场还合，泰坛互峙。告万物之生成，当一阳之初晷。揖群望以咸秩，列众灵以备祀。紫微开兮天意通，元气调兮熏风起。祀之大者，莫盛兹道。展敬乎皇心，报功

乎元造。奏搏拊之清乐，彻纯殷之苍昊。实祀
典之所崇，谅邦家之攸保。若乃陈以牲币，酌
以郁鬯。歌大吕以为节，舞云门以为状。达诚于
氤氲之际，降灵于间阖之上。腾瑞气而宛延，
烛神光兮溥畅。我国家报本克禋，顺时修祭。
配太祖于座，于以敬宗；祀皇天于郊，为能缩
帝。此所以神祇降鉴，天人合契。保昌运兮永
贞，崇明祀兮不替。

非官方的郊庙歌辞纯属个人对祭祀盛典的感受，表
达个人承受皇恩的感激之情，有吹捧和粉饰的媚世表
现，其内容表达、表现手法和思想内容需要仔细甄别。

无论官方还是非官方的郊庙歌辞，都直接或间接地
反映了唐代政治、经济、法制、社会生活等方面，是全
面认识唐代政治社会生活的重要途径。

第六章

圜丘祭天的仪式程序

唐代诗人卢思道的诗《驾出圜丘》描述了皇帝亲祀圜丘的仪式过程：銮驾出宫前的准备阶段→銮驾出宫→皇帝进入圜丘→祭天礼正式开始。

《驾出圜丘》写道："开年简时日，上辛称天吉。平晓禁门开，隐隐乘舆出。乘舆出九重，金根御六龙。章移千乘动，旆举百神从。黄麾引朱节，灵鼓应华钟。神歌已相续，神光复相烛。风中飏紫烟，坛上埋苍玉。"

在唐代，圜丘祭天的仪式已经程式化，并以律令的形式写入国家礼典中。祭天仪程从祭祀前的斋戒、陈设、省牲器等的准备，到皇帝銮驾出宫、奠玉帛、进熟等祭祀的各环节，最后到銮驾回宫，每一项仪程都有严格的规定，每个步骤仪式虽然烦琐但不失威严。至玄宗天宝十载（751）后，太清宫朝献成为南郊祭天前的规定仪程，以及唐代后期皇帝亲祀的世俗性增强，这一系列的变化，是祭天礼仪在特殊政治环境下的变化。但作为祭天仪程的主体，三段式的仪式程序没有发生根本改变。

第一节　圜丘祭天的准备

圜丘祀天主要的礼节以銮驾出宫为界，分为两个阶段。其中，銮驾出宫前是祭祀的准备阶段，包括斋戒、陈设、省牲器。

斋戒　古人祭祀之前，必沐浴更衣，不喝酒，不吃荤，不与妻妾同寝，以示虔诚庄敬，称为斋戒。斋戒有散斋和致斋两种形式，这种说法来自《礼记》。

《礼记·祭义》："致齐于内，散齐于外。齐之日，思其居处，思其笑语，思其志意，思其所乐，思其所嗜。齐三日，乃见齐所为齐也。""齐"与"斋"相通。其意思大致是致斋时要住在斋宫，比较正规，要求也比较严格。散斋相对自由，不住斋宫，但务必要守戒规。致斋三天，散斋七天。

在致斋的日子里，要回想先祖生前的居处，回想先祖生前的笑语，回想先祖生前的志向，回想先祖生前的喜好等。这样专心致志地致斋三天，就好像真正见到了将要祭祀的先祖。

唐代对三祀制中斋戒的时间呈现出明显的等级性，不同等级的祭祀的散斋和致斋的时间是不相同的。唐代规定大祀斋戒七天，其中散斋四天，致斋三天；中祀斋戒五天，其中散斋三天，致斋两天；小祀斋戒三天，其中散斋两天，致斋一天。唐代皇帝亲祀的斋戒，是从祀前七日开始的，散斋四日，致斋三日。斋戒时，皇帝着绛纱袍，结佩，戴通天冠，食官斋，斋戒礼节、程序烦琐而严格。

在致斋前一日到致斋当天，斋官要到固定斋所，一般是当职的部门，不能回家。如果在京城没有相应的当职部门，就在祭祀的场所里斋戒。致斋时，由太常寺给斋官提供斋戒所用的酒食及明衣，斋官在斋所里演习祭礼。通过斋戒净化祭祀者的身心，达到可以与神灵交流的境界。

对于违反斋戒规定的官员，《唐律》中有专门的惩处条款。例如，"即入散斋，不宿正寝者，一宿笞五十；致斋，不宿本司者，一宿杖九十；一宿各加一等。中、小祀递减二等"①。散斋期内，应当宿于正寝，如果没有宿在正寝，在家中其他斋房内就寝，也是不处罚的。致斋期内，规定太尉、司徒和司空安顿在尚书省斋戒，其他官员均在当值的司衙内斋戒；如果在皇城内无司衙，则都被安顿在太常寺、太庙署等礼部衙斋戒。

对斋戒期间有关人员从事丧疾刑杀活动的行为，唐律也有处罚条例。例如在国家大祀的散斋期间，斋官有吊丧、问疾、判署刑杀文书及决罚的，要用竹、木板等笞打背部五十；如果有报奏的，用杖击六十。如果是致斋期间，处罚均各加一等。

陈设　陈设是圜丘祭祀准备工作的第二步，是准备环节的核心，具体指有关圜丘诸神位的摆放、各级陪祀官员和外国使臣的位次安排、祭品的摆设以及祭祀乐舞的布置等。陈设从祭祀前的第三天开始准备，一直持续到祭祀前一天的申时以后。

这项礼节按时间分为四个阶段。

① ［唐］长孙无忌等撰、刘俊文点校：《唐律疏议》卷九《职制》，北京：中华书局，1983 年，第 188 页。

第一阶段，是在圜丘祀天的三天前，主要安排皇帝的青城（行宫）、大次以及参加祭祀官员的站位。青城与大次由专门负责皇帝行辕的尚舍直长和奉御亲自准备。大次一般设置在圜丘外壝东门之内道北，南向，并由奉御铺御座；陪祀人员的位置，包括诸祀官、从祀群官、诸州使人、蕃客等的位置由卫尉负责安排。另外，还要在内壝东门、西门之外道北，南向以及北门之外道东，西向陈设馔幔四楹。这一时间段内还要把各类祭品准备好。

第二阶段，在祀天的两天前，安排打扫祭坛、安置祭天之乐器、准备燎坛柴火等工作。打扫祭坛由右校负责，须清洁祭坛的里里外外；宫悬之乐器的安置由太乐令负责，安置在坛南侧内壝之内，同时还要将钟、磬等安置在祭坛之上；燔燎用的柴火由郊社令负责，并将其放置在燎坛上。

第三阶段，在祭祀的一天前，进一步明确各类祭祀人员的具体位置，以及确认各类祭器到位与否。由奉礼郎负责，具体事宜安排如下：

皇帝祭祀时的御位、望燎位的设置。皇帝的御位设置于祭坛的东南，西向；皇帝的望燎位在燎坛的北侧，南向。

诸众祀官位的设置。在内壝东门之内道南设公卿位，分献官位在公卿之南，执事者在分献官之后。御史位在坛下，有两处，一处在坛东南，西向；一处在坛西南，东向。在坛南侧的乐悬东北设置奉礼郎位，其南侧有赞者二人，俱西向。在坛上午陛的西侧，设置协律郎位，东向。在宫悬之北设太乐令位，北向。从祀文官九品位于执事的南侧，东方、南方朝集使、蕃客依次在其南，西向，北上。中壝西门之内道南，设鄁公、介公的站位，其南侧是从祀武官九品位，西方、北方朝集使、蕃客依次在其南，东向，北上。

安排牺牲及与牺牲相关的祭祀人员的位置。在东壝之外，当门西向。设置牲牓，分别陈设苍牲、青牲、赤牲、黄牲、白牲、玄牲等。在牲牓西南依次设廪牺令位和祝史位，皆北向。在牲牓东设诸太祝位，西向。在牲牓前稍北设太常卿位，南向。

设置祭天所用酒樽、罍、洗、篚、幂等祭器之位。祭器之位的设置特别重要，不同神主的祭器数量、种类和位置都是有讲究的，比如酒樽位的设置，一般设于神主的左侧，右向。

昊天上帝，位于坛上东南隅，北向位置的有太樽、著樽、牺樽、山罍各二件；在坛下南陛之东，北向位置的有象樽、壶樽、山罍各二件。配帝，位于坛上，在昊天上帝酒樽的东侧，北向位置的有著樽、牺樽、象樽、山罍各二件；在第一等的五方帝、日、月位置各有太樽二件；在第二等的内官每陛间各有象樽二件；在第三等的中官每陛间各有壶樽二件；在坛下外官每道间各有概樽二件；在内壝之外的众星每道间各有散樽二件。

在祭坛的午陛东南设御洗，在卯陛之南设亚献、终献洗位，皆北向。罍水在洗位东，篚在洗位西。

第四阶段，是在祭祀前一天的申时以后，由穿着礼服的太史令和郊社令带领着属僚，负责各神座位的设置。

最先设置的是昊天上帝神座。在坛上北方，铺设稿秸为席，南向设上帝神座，然后在天帝神座东侧铺设莞草为席，设置高祖神尧皇帝神座，西向。在坛第一等，铺设稿秸为席，分别设置五方帝、日、月的神座。青帝神座在东陛之北，赤帝在南陛之东，黄帝在南陛之西，白帝在西陛之南，黑帝在北陛之西，大明在东陛之南，夜明在西陛之北。在第二等十二陛之间，按照各自的方位，席皆内向设五星、十二辰、河汉及55个内官的神座。其中，在东陛之北设北辰座，在北陛之西设曜魄宝神座，在南陛之东设北斗、天一、太一的神座。

在第三等设二十八宿及中官一百五十九诸神的神座。在内壝之内设外官一百零五神座；在内壝之外，各依方位的十二道之间设众星三百六十神座。

省牲器 省牲器是祭祀准备的最后一个环节，是专门巡视、查看祭祀所用牲器准备情况的必要步骤。这个环节是祭祀顺利进行的最终保障，包括巡查礼器的打扫、清洗及安放位置；检查牺牲的毛色、肥瘦、大小以及宰杀和清洗情况；监督宰杀、取毛盛血、烹煮等。

祭祀用牲器要求十分苛刻和严格。这一环节中，对于牲器的安置处所、省视官员的人选、用语、巡查检省的具体时间，都有极为严格的要求，要求在省牲之日的中午过后，对祭坛周边距离坛 200 步的范围进行戒严。

在下午 3 点半左右，由郊社令、丞率领 3 人及斋郎，把樽、坫、罍、洗、篚、幂等祭器放置归位。随后，由礼仪导引者分别引领祀官、公卿及牲就位。再分别引领司空、御史从坛东陛进入，登坛进行大扫除，完毕后从坛上下来，检查官悬乐器。

在司空一众登坛的同时，另一组礼仪导引者引领太常卿和御史从坛东陛登坛，巡视涤濯，完毕后从坛上下来，到达省牲位，南向立。此时，廪牺令向前，请检查牺牲。

太常卿检省牺牲，就是在廪牺令的指令下，诸太祝各循牺牲绕一圈。随后诸太祝与廪牺令依次牵着牺牲到神厨，把牺牲交给太官。礼仪导引者引领光禄卿到达神厨，检查鼎镬等祭器，检视宰牲的濯溉。祀官御史检查完供品的器具后回到斋所，省牲器环节基本上宣告结束。

祭祀当天的未时十五刻，太官令带领宰人杀牺牲并分割，祝史取了毛血后，分别放置在馔具里，随后就烹煮牺牲。

总之，圜丘祭祀前的准备工作极其繁复，礼仪受到朝廷高度重视，所以要有专门的负责官员和机构来具体执行。

第二节　圜丘祭天仪礼阶段

从銮驾出宫开始，作为祭天的主祭人开始登场，即进入祭天仪礼阶段。

銮驾出宫标志着圜丘祭天活动的正式开始，具体是指祭祀当天，皇帝的銮驾从皇宫出发，经过一系列礼仪程序，穿越长长的天街，最后到达圜丘的礼节。唐代祭天大典中，对皇帝的礼服、行动都有着严格的礼仪要求。

出宫3天前，主管官员宣告内外，令各司礼部门按职责行事。要在祭坛的东侧选择合适地方，为皇帝搭建好专门的南向的行宫。要提前清道、戒严，防止不吉之人或者不吉之事的出现。在承天门外的东西朝堂设置五品以上的从祀官，备迎皇帝大驾卤簿。出宫2天前，太乐令要在宫殿大厅设置"宫悬"级别的乐器，在銮驾出发之前，要击鼓三次。

祭祀当天，第一次击鼓，宫门和城门开启。第二次击鼓，"请禁中警戒"。五品以上文武百官在奉礼郎的带领下，聚集在东、西朝堂，分列两行，东西面向，以北为上。各警卫队长统率配置钑戟武器的部属，依次按阵列进入殿庭。通事舍人带领从祀官到朝堂前就位。相关的车驾、仪仗分列在朝堂。侍卫人员要穿戴相应礼服，执掌军器。第三次击鼓时，侍中、中书以下官员，都到太极殿西阶恭迎圣驾。乘黄令早早地将玉辂车驾静候在太极殿西阶。在玉辂车驾前面是手执长刀的千牛将军，再依次是侍臣、黄门侍郎和两名赞者，组成玉辂车驾的宫禁警卫。太仆卿负责皇帝衮冕。

皇帝銮驾出宫到达西阶时，黄门侍郎跪在銮驾前，向皇帝奏道："黄门侍郎某臣启奏，恳请銮驾启程。"銮驾出发，黄门侍郎与赞者在两边导引，千牛将军在车驾两边疾行护驾。

皇帝的车驾离开宫城承天门，到达侍臣们上马的地方，黄门侍郎宣奏道："请令侍臣上马。"赞者传宣制命，文武侍从官都上马。侍卫官员督导其部属，在皇帝乘舆左右护持。符宝郎恭敬地捧着六宝，与殿中监位于仪仗队的后部。侍中、中书令以下官员侍奉在车驾两旁，赞者在官员中侍候。侍从官员上马后，黄门侍郎宣奏道："请令车右登车。"千牛将军上车后，黄门侍郎启奏道："请銮驾出发。"銮驾出发后，道路两旁加强警戒，行进中不用鼓吹，也禁止喧哗。

皇帝御驾即将抵达圜丘，祭祀官员都穿戴朝服、佩饰，在谒者的导引下站立在大次前，面朝北。御驾到了行宫南门外，车驾转而南向。千牛将军下车，站立于车驾右边。侍中觐见，跪于銮驾之前，启奏道："侍中臣某进言，请求皇上下车。"皇帝下车，坐轿进入行宫，华盖、伞扇一如平时礼仪，宿卫按照惯例。谒者、赞引引导祭祀人员，通事舍人引领文武官员，聚集于行宫的朝堂，文武官员分列在左右。

从皇帝进入圜丘的行宫，圜丘祀天之礼仪正式展开。圜丘祀天中，正式的祭祀环节包括奠玉帛和进熟两个部分。

奠玉帛是圜丘祭天正式开始后的第一项重要礼节。此仪式是将樽、罍、玉、币等祭品贡献给天帝的环节，是圜丘祭天中最重要的部分。以皇帝銮驾到来为标志，分为前后两个阶段。

祭祀当日，天明前三刻，穿祭服的祭祀人员及从祀官员开始准备工作。他们分头行动，各司其职。其中郊社令、良酝令负责将酒樽和罍灌满，太祝负责把玉礼器放入篚中，太官令负责把馈幄内的笾、豆、簠、簋装满。

天明前二刻，奉礼郎负责将赞礼者带领到具体的位置。赞礼者负责引导御史、博士、各太祝及令史、祝史，以及手持樽、罍、篚、羃的从祀人员，从圜丘的东门进入祭坛，在祭坛南侧面向北站成双排。在奉礼郎的带领下，通过赞礼者传呼，御史以下诸官员向祭坛两拜。跪拜结束后，手持樽、罍、篚、羃的从祀人员各就各位。然后，赞礼者引导御史、各太祝从东阶登上祭坛，坛顶上和第二级台阶由一位御史与二位太祝负责进行扫除；祭坛的第三、第四台阶由另外一位御史和七位太祝负责进行扫除。扫除结束后，所有人员都回到各自原位。

天明前一刻，谒者、赞引各自引导祭祀人员、从祀官员、宾客使者等在祭坛东门外就位。太乐令率领乐工与文、武二舞队依次进入，文舞队在乐器架间排列，武舞队站在乐器架之南。谒者引导司空进入就位，奉礼郎引导司空拜坛，先从东阶登坛，在坛上进行扫除，然后下坛，在坛下敲击乐器。接着谒者、赞引各自引导祭祀人员、从祀官员和宾客使者等从东门进入祭坛，各自就位。

到此刻，所有从祀人员的准备工作已经完成，也都各自就位，等待皇帝銮驾的到来。

皇帝銮驾到达圜丘青城（行宫）后，稍事休息，再从青城（行宫）出发到圜丘的大次。大次设在圜丘外壝东门之内道北，是由帷帐组成。由青城（行宫）到大次同样有烦琐的礼仪。

天明前三刻，各队侍卫排列起大驾仪仗，侍中启奏，"请宫中戒严"。乘黄令将玉辂引入行宫南门外，回转面向南方。

天明前一刻，侍中启奏，"警卫宫禁"。皇帝穿戴衮冕礼服，乘轿起驾出宫。黄门侍郎启奏，"请銮驾进发"，銮驾出发，到达大次帷帐门外，转而面向南方。侍中上前，跪于銮驾之前启奏："侍中臣某上奏，请皇帝下车。"皇帝下车，乘舆进入帷帐，郊社令献上祝版，皇帝署名后，近臣捧出，郊社令接受祝版，在土台祭奠。

皇帝在帷帐稍事停留，陪祀的文武官员、介公、鄌公、诸方宾客使者均早已就位。

黎明时，太常博士引太常卿侍立于大次门外静候，皇帝着衮冕礼服，走出大次帷帐，太常博士引导太常卿，太常卿引导皇帝到中壝门外，殿中监进大圭、镇圭。皇帝身佩大圭，手持镇圭，走到相应的位置，向西站立。在太常卿的引导下，皇帝再拜。随后，奉礼郎引导众官员再拜。

太常卿启奏官员行事，协律郎下跪，举起麾旗开始击打鼓枧，演奏《元和》之乐，这是文舞的舞乐，共6个曲目。演奏结束后，协律郎放倒麾旗，敲打敔，乐舞停止。太常卿请皇帝再拜。接着，奉礼郎引导众官再拜。

祭拜之后，皇帝从南阶登坛，向北站立。正座的太祝向皇帝进玉带，皇帝佩起镇圭，接过玉带。乐师登堂而歌，演奏庄敬和睦的乐曲。太常卿导引皇帝前行，向北跪拜祭奠昊天上帝神座，再拜后，太常卿引导皇帝面向东方站立。配座太祝向皇帝进献玉币，皇帝接受玉币。太常卿引导皇帝祭拜高祖神尧皇帝神座，再拜后，乐师停止登堂而歌。在音乐声中，太常卿引导皇帝从南阶下坛，回到原位，向西站立，音乐停止。

一开始，在皇帝祭奠配帝玉币的同时，祭坛的第一等神座，也由七名谒者分别引导献币官祭奠，其他各星座之币同时在谒者、赞引者的引导下由进献官同时祭奠于神位前。众官拜祭后，祝史各自捧着装有牲毛、牲血的豆器进入，分别从规定的台阶登坛，各太祝迎上，接过，放置在神座前，然后退到放酒樽处。这样，奠玉帛这项礼节才算是结束了。

进熟，顾名思义，就是皇帝向昊天上帝诸神献上牺牲与酒，并献上祝文，这个祭祀礼仪繁复，程序极为复杂，主要包括读祝文、进献食物、燎柴三个亚环节。

在皇帝在进行"奠玉币"的同时，祭祀官员就开始准备这一环节的祭馔了。主祭人皇帝在太常卿的引导下先后完成读祝文、进献食物和燎柴，其他陪祀官员各负其责，辅助皇帝完成各个环节。

读祝文前，皇帝要先行盥洗礼。为表示庄严清静，净手是必要的礼仪。音乐声中，太常卿导引皇帝到罍洗前，音乐停止，侍中捧匜浇水，皇帝用流水洗手。黄门侍郎跪着呈上巾，皇帝擦手。黄门侍郎呈上匏爵，皇帝接受匏爵，侍中从罍中倒水，在皇帝洗爵并用巾擦干爵后，音乐声中，太常卿导引皇帝来到祭坛前，从南阶登坛。音乐停止。

　　谒者导引司徒从东阶登坛，站在放酒樽处，斋郎捧俎跟随登坛，站在司徒身后。太常卿导引皇帝向昊天上帝神座进献酒醴，向北站定。太祝手持笏板进到神座右方，向东跪下，宣读祝文：

　　某年某月朔日，嗣天子臣某，冒昧上陈于昊天上帝：大明南至，长晷初升，万物权舆，六气资始，式遵彝典，慎修礼物，敬以玉帛牺齐，粢盛庶品，备兹禋燎，祗荐洁诚，高祖神尧皇帝配神作主。①

　　皇帝再拜。读祝文结束。

　　接着，太常卿导引皇帝向高祖神尧皇帝神座进献醴酒，向东站定。太祝手持祝版进献到神座左方，向北跪下，宣读祝文曰：

① ［唐］杜佑：《通典》卷一〇九《礼六十九·开元礼纂类四》，北京：中华书局，2016 年，第 2828 页。

维某年岁次月朔日，子孝曾孙开元神武皇帝臣某，敢昭告于高祖神尧皇帝：履长伊始，肃事郊禋，用致燔祀于昊天上帝。伏惟庆流长发，德冠思文，对越昭升，永言配命，谨以制币牺齐，粢盛庶品，式陈明荐，侑神作主，尚飨。[1]

皇帝再拜。读祝文结束。

接着，皇帝要向大小神座进献食物。

太常卿引导皇帝到昊天上帝神座前，向北站立。太祝献福酒，将福酒合在一爵中呈给皇帝，皇帝下跪以酒祭奠，然后轻啜福酒。接着，太祝进俎，把祭肉放入俎中，由司徒呈给皇帝，其接过俎后，交给身边的人。皇帝下跪，取过爵，然后饮尽爵中酒，跪伏再拜。太常卿引导皇帝，在音乐声中从南阶下坛，回到原位，向西站立，音乐停止。文舞队退出，武舞队进入。

皇帝进献结束后，将要回到原位时，依次由太尉、光禄卿进行亚献和终献。其礼仪程序基本相同，下面以亚献为例进行简单说明。谒者引导

[1] [唐] 杜佑：《通典》卷一〇九《礼六十九·开元礼纂类四》，北京：中华书局，2016 年，第 2829 页。

太尉到罍洗处洗手，清洗、擦拭匏爵，从东阶登坛，到陈放昊天上帝著樽之处，太尉捧爵，斟上醴酒，进献到昊天上帝神座之前，向北跪拜。结束，武舞开始表演，谒者引导太尉，来到昊天上帝神座前，向北跪下，放下爵，站起，谒者引导太尉稍稍后退，向北再拜。结束后，谒者引导太尉到陈放配帝牺樽之处，从台座上取爵，捧爵斟上醴酒，进献到高祖神尧皇帝神座之前，向东跪下，放下爵，站起，谒者引导太尉稍稍后退，向东再拜。完毕，谒者引导太尉进至昊天上帝神座之前，向北站立。太祝们各自用爵斟上福酒，再把酒合在一爵中，一名太祝持爵到太尉右方，向西站立。太尉再拜，接过爵，下跪，用酒祭奠，然后饮尽爵中酒。太祝上前接过空爵，放回台座上。太尉再拜，下坛，谒者引导太尉回到原位。

光禄卿终献如同太尉亚献的程序，只是捧爵进献的是盎齐酒。太尉将登坛献祭时，七名谒者分别引导五方帝及大明、夜明等献祭官到罍洗处洗手，洗匏爵，然后各自从规定的台阶登坛，到第一层，都要斟上汜齐（亦作"泛齐"，因酒色浊，上有浮沫，故名），各自上前，跪祭于神座之前，起身，各自下坛，回到原来的位置。

开始，第一层献祭官将要登坛，谒者五人依次引导献祭官分别来到罍洗处洗手，洗匏爵，各自从规定的台阶登坛，到第二层放内官酒樽之处，斟上醴齐（一种用于祭祀的红酒），各自跪拜，放爵于内官神座之上，起身，其余神座都由祝史、斋郎辅助献祭，依次完成，谒者引导献祭官回到原来位置。

第二等献祭官员将要登坛，谒者四人依次引导祭官到罍洗处洗手，各自从规定台阶登坛，到第三等中官酒樽之处，都要斟沉齐（糟滓下沉的清酒）来进献。赞引四人和引导四人依次引导献祭官到罍洗处洗手，洗毕，都要到外官酒樽处，斟清酒献祭。再抽赞引四人依次引导献祭官到罍洗处洗手，洗毕，到众星酒樽处，都要斟昔酒（久酿的酒）献祭。祝史、斋郎斟酒辅助祭祀，礼仪如同祭祀内官的礼仪。事毕，谒者、赞引各自引领献祭官回到本来位置。

各种献祭完毕，武舞表演结束，上下各祝都进前，下跪，撤下豆（礼器），放回酒樽之处。奉礼郎说："赏赐胙肉。"赞者说："众官再拜。"在位官员一一再拜。《元和》之乐开始演奏，太常卿上前奏称"请再拜"后，退回原位，皇帝再拜。演奏音乐一曲后，停止。

最后是"燎柴"环节，不但要焚烧牺牲、玉币，还要将牲血和酒贡献给神灵。这是由于血和酒都有着较重的气味，容易被天神觉察、领受。音乐声中，太常卿导引皇帝至望燎位，皇帝就望燎位后向南站立，音乐停止。各祝官将神座上的玉币、祝版，以及牲肉、稷、黍饭、爵酒等取来，按规定绕过燎坛，从坛南阶登坛，将玉币、祝版、馔物等放在柴上。各祝官分列在燎坛东、西两面，各有六人同时用火炬点火。燔柴燃烧，烟气冲天，烧到一半时，太常卿奏礼毕。引导皇帝回到大次帷帐，将镇圭、大圭等交给殿中监后，皇帝进入帐内，谒者、赞引官分别引领祭祀官员，通事舍人分别引导祭祀群官、各国使臣，依次而出。赞引引导御史、太祝以下官员退出。进熟礼结束。

第三节　銮驾回宫

尽管祭祀上天已经结束,但是整个礼节上还没有完,还有最后一个环节,即銮驾回宫。

进熟礼节即将结束时,皇帝已戴上通天冠,穿好绛纱袍,祀官们也穿上朝服。但仪仗还不能解散,将士不能擅离队伍,只能在原地稍事休息。同时,皇帝也在大次内稍事停留。半个多时辰后,槌鼓三通,文武百官才伴随皇帝回宫。仪仗队在返回路上的礼仪,如来圜丘时的礼仪。

通事舍人分别带领众官、宾客使者按次序站立在皇帝大次帷帐前,文武侍臣到大帐外奉迎皇帝大驾。皇帝乘坐软轿离开大帐,来到金色车驾前,登上车驾。在黄门侍郎的"銮驾回宫"声中,銮驾启程,黄门侍郎与赞者在两边导引车驾,千牛将军在车驾两边疾行护驾。

文武官员伴随皇帝銮驾还宫。到了侍臣们上马的地方，銮驾稍等。奏报皇帝获准后，文武官员上马，击鼓传令，銮驾再次启程，鼓吹大作。文武官员开始行进，与来时礼仪相同，外域宾客使者回馆驿。

銮驾到承天门外侍臣下马处，又稍停，文武侍臣下马。然后銮驾继续进发，皇帝大驾进入嘉德门时，太乐令命令撞击蕤宾之钟，敲击鼓柷，演奏《采茨》，抵达太极门，音乐停止。进入太极门，敲击鼓柷，演奏《太和》，车驾到达横街北，侍中覰见，跪于銮驾之前，请皇帝下车。皇帝和百官都坐软轿进入宫阁，音乐停止。

文武官员到了承天门，通事舍人秉承皇帝旨意，令众官返回。皇帝回宫，戒严解除。击打铜钲，将士各自返回驻地。只有到了这个时候，参与祭祀的官员和将士们才能离开，圜丘祀天大典才彻底结束。

以上是圜丘祀天的程序性礼节，在实际操作中，针对祭祀的类型和皇帝是否亲自参与，应该有所损益。其中，以冬至日对昊天上帝的祭祀最为隆重，上辛祈谷和孟夏雩祀等基本如此。显然，礼节是极为烦琐的。但是，只有这样，才能昭示天子对昊天上帝的礼遇，并显示皇家的威仪，让群臣和民众产生敬畏之心。

日本天台宗僧人圆仁 838 年入唐求法，于开成五年（840）八月至会昌五年（845）五月生活在长安，在四年零十个月的长安城生活期间，圆仁两次遇到皇帝南郊祭天活动。对于会昌元年（841）正月的祭天活动，圆仁有详细的记载：

（开成六年）①正月七日，今天子幸太清宫。斋。八日，早朝出城。幸南郊坛。坛在明德门前。诸卫及左右军二十万众相随。诸奇异事，不可胜计。九日五更时，拜南郊了，早朝归城。幸在丹凤楼。改年号，改开成六年为会昌元年。②

①应为会昌元年（841），此处是圆仁撰《入唐求法巡礼行记》原文表述。
②〔日〕圆仁撰，顾承甫、何泉达点校：《入唐求法巡礼行记》卷三，上海：上海古籍出版社，1986 年，第 147 页。

第七章

圜丘祭天的影响与当代遗址保护

唐朝的祭天礼对后世王朝，甚至东亚的朝鲜半岛、日本等都产生了深刻影响。天坛，作为礼制文明的物化载体，是重要的文化遗产，在弘扬传统文化方面发挥着不可替代的作用，也成为了解中国古代信仰、思想、哲学、建筑等的重要媒介。随着唐长安城圜丘考古发掘的进行，作为中华第一坛，天坛遗址得到保护，从而提升了古城西安的文化软实力，填补了国家级唐文化产业基地的祭天文化空白，为西安的文化旅游、娱乐消费增添了新的内容和空间。

第一节　宋承唐制的圜丘祭天

公元 960 年赵匡胤发动陈桥兵变,黄袍加身,建立北宋,定都开封。北宋王朝脱胎于动乱不堪的五代时期,建立之初,为安抚天下,巩固其统治,宣示其政权的正统及合法性,加强了礼制建设。

北宋初创期的郊庙祭祀、宫廷典礼、君臣诸仪等礼仪与程序,均循唐朝仪注,"国朝典礼,初循用唐《大唐开元礼》"[①]。特别是《大唐开元礼》,从唐代德宗时开始,一直延续到北宋太祖开宝六年(973)都作为开科取士的科目。

宋承唐制,是宋初三帝礼制整顿的基本思路,主要表现在以下几方面:

一是仿照唐代《大唐开元礼》编修宋代官方礼典。

国家礼典是国家祭祀合法进行的规范和标准。修撰礼典是北宋王朝初建时,宣示政权合法性与正统

[①] [宋] 叶梦得撰、宇文绍奕考异、侯忠义点校:《石林燕语》卷一,北京:中华书局,1984 年,第 8 页。

性的政治需求，意义非凡。宋太祖开宝四年（971），刘温叟等编修的《开宝通礼》，是赵宋开国编修的第一部国家礼典，是"以国朝沿革制度损益《开元礼》为之"①，难怪朱熹认为《开宝通礼》总体是《大唐开元礼》，只是略有改动。

开宝四年（971）六月，《开宝通礼》初成，藏于书府。200卷的礼典在一个月的时间内就完成了，比《大唐开元礼》多出整整50卷，速度之快，篇幅之大，超乎想象。随后又编修《开宝通礼义纂》，至开宝六年（973）四月修成，随即下诏与《开宝通礼》一并付有司施行。赵宋开国的第一部官方礼典耗时不到两年就完成了，其中，《大唐开元礼》的蓝本之功不可忽视。

《开宝通礼》编修的基本原则是以《大唐开元礼》为蓝本，以本朝制度沿革进行损益，所以在具体内容和体例上，沿袭了《大唐开元礼》的基本框架和礼文。虽然《开宝通礼》原书已佚，但散见于后来的各类礼书中，特别是《太常因革礼》多处引用《通礼·序例》，则知《开宝通礼》确如《大唐开元礼》，亦有《序例》。还可以推断是按"五礼分门"进行叙述，即按照《大唐开元礼》的总分模式，以序例和五礼分门别类的框架进行编修。据楼劲先生研究，《序

① ［宋］王应麟纂《玉海》卷六十九《礼仪·礼制》，江苏：江苏古籍出版社、上海书店，1987年，第1304—1305页。

例》部分内容和篇幅确已扩充增创许多，已与《大唐开元礼》
大为不同了。①

　　《开宝通礼》的修撰，并不墨守《大唐开元礼》的成规，
《宋史·礼志一》中记载："凡坛壝、牲器、玉帛、馔具、
斋戒之制，皆具《通礼》。"②同时，以国朝沿革制度，为
整顿宋初礼制，对《大唐开元礼》进行各种局部的增补删改，
那是最正常不过了。圜丘祭天的吉礼方面，对于从祀昊天上
帝的神位，从《大唐开元礼》的 690 位，缩减至 687 位；修
改《大驾卤簿》篇，宋太祖增创旗幡，改易车名，增加了"交
龙、钲鼓舆""钟、鼓楼"，以及行漏车和十二神舆；增加
了《大唐开元礼》中没有的皇太后之服。《开宝通礼》对《大
唐开元礼》中皇帝祭祀天地神祇所用搢大圭、执镇圭的礼制
久废不行。

　　宋初礼制的整顿，是以归复《大唐开元礼》为基础，在
反省中有取舍，在循用中有发展和变化，突出反映了唐代礼
制对宋初的强烈影响。《开宝通礼》
颁行后，作为国家礼典，本应该成
为宋朝定礼议礼的准则，然而仍将
《大唐开元礼》与《开宝通礼》相
提并论，《大唐开元礼》的影响和

①吴丽娱主编：《礼与中国
古代社会·隋唐五代宋元
卷》，北京：中国社会科学
出版社，2016 年，第 253 页。
②［元］脱脱：《宋史》
卷九十八《礼志一》，北
京：中华书局，1985 年，
第 2425 页。

指导作用并没有减弱，"《开宝》《开元礼》祀昊天上帝及五帝于明堂，礼神、燔燎皆用四圭有邸"[1]。

二是皇帝亲祀仪程承袭唐代。

《宋会要辑稿》载："国朝亲祭祀，举大礼，沿唐制。"大祀、中祀、小祀的三祀制度初创于隋代，从唐到宋，作为大祀的祭天，其祭祀对象、祭品、祭祀仪程、陪祀人员等在延续中有所变通。从唐代到宋代，象征着君主受命于天、政权合法性的皇帝亲祀是不断加强的。

特别是唐代天宝年间，皇帝亲祀的形式和礼仪程序发生了变化：一是亲祀实行天地合祭，二是形成了亲祀的三大程序。这种变化是强化皇权的现实需要。唐天宝十载（751）以后，皇帝亲祀形成了太清宫朝献—太庙朝享—南郊亲祀的三大程序。北宋真宗时创新的景灵宫朝拜，就是参照唐代太清宫祭祀，具有浓厚的道教色彩。至此，北宋皇帝的亲祀也形成了谒景灵宫—享太庙—合祭天地于圜丘的皇帝亲祀仪程，这是对唐天宝年间形成的"太清宫—太庙—圜丘"仪程的继承和发展。

"唐因祠南郊，即祠太清宫及太庙，谓之三大礼。本朝三岁郊祠，必先及景灵宫及太庙，盖因前制。"[2]

[1]［元］脱脱：《宋史》卷一〇一《礼志四》，北京：中华书局，1985年，第2468页。

[2]李焘：《续资治通鉴长编》卷三〇四，北京：中华书局，1979年，第7399页。

景灵宫建成于真宗大中祥符九年（1016），供奉赵宋王朝追认的远祖——黄帝。从天圣元年（1023）以后，景灵宫中开始供奉、祭祀皇帝、皇后的御容，采取"每岁四孟月，天子遍诣诸殿朝献"的皇帝亲祀。天禧三年（1019）十一月，真宗先谒景灵宫，然后荐享太庙，最后合祭天地于南郊，大赦天下。这样，形成了北宋皇帝亲祀的三大礼：景灵宫、太庙、圜丘。

对于北宋的三大礼的形成，有学者解释其原因是为解决澶渊之盟造成的政治统治危机，真宗通过盛大的礼仪庆典，给自己的统治戴上神圣的光环。[①]

宋朝皇帝亲祀实行天地合祭，而有司摄事则采取天地分祭，这是和唐代相比最大的不同。《开宝通礼》中有明确的规定：在冬至的正祭、正月上辛的祈谷和孟夏的雩祀时，若皇帝亲祀，则合祭天地；若有司摄事，则只祭祀天神。唐代，因为祭祀天地的礼仪频繁，便有了皇帝亲祀和有司摄事两种方式。唐代的皇帝亲祀，最重要的特点之一就是以有司摄事为前提来运作，所以唐代的皇帝亲祀带有特殊的性质[②]。有司摄事在唐代常态

①朱溢：《事邦国之神祇——唐至北宋吉礼变迁研究》，上海：上海古籍出版社，2014年，第126页。
②［日］金子修一著，肖圣中、吴思思、王曹杰译：《古代中国与皇帝祭祀》，上海：复旦大学出版社，2017年，第58页。

化，只是准备时间和仪式方面有差别，但在祭祀神位上并没有差别。皇帝合祀天地是武周政权的创新，天地合祭在晚唐皇帝亲祀时较为常见①。皇帝南郊天地合祀制度化是在北宋实现的。因为神位的不同，皇帝亲祀与有司摄事的差别更为明确，突显了皇帝亲祭的地位②。

三是圜丘依唐代形制而建。

赵宋王朝自宋太祖开始，遵从"三岁一郊"的亲郊祭天活动，每年冬至皇帝亲祀于南郊圜丘。宋初始作圜丘坛于东京南熏门外，四成，十二陛，三壝。设燎坛于内坛之外东南方，高一丈二尺。设皇帝更衣大次于东壝东门之内道北，南向。仁宗天圣六年（1028），始筑外壝，周以短垣，置棂星门。亲郊则立表于青城，表三壝。建隆四年（963），宋太祖赵匡胤在东京圜丘举行了北宋开国历史上第一次亲郊。在这次亲祀活动中，太祖扩大了卤簿队伍，显示了天子威仪和赵宋的大国气象。

东京圜丘坛规模与坛壝之制，完全模仿了唐长安的圜丘。但文献并没有交代壝墙的平面形制，目前所见到的三壝复原，平面皆为方形，并不像唐代长安圜丘那样是圆形壝

① 朱溢：《事邦国之神祇——唐至北宋吉礼变迁研究》，上海：上海古籍出版社，2014年，第100页。
② 朱溢：《事邦国之神祇——唐至北宋吉礼变迁研究》，上海：上海古籍出版社，2014年，第101页。

墙。但据相关文献记载，宋初并没有修建墠墙，只是以青绳代墠，砍柴、放牧的人都能径至圜丘坛前，有亵渎严恭之虑。"郊坛率循唐旧"，圜丘也是依唐圜丘形制而建。宋初圜丘的具体形制与尺寸，在徽宗朝讨论圜丘的坛墠之制时有所透露："坛旧制四成，一成二十丈，再成十五丈，三成十丈，四成五丈，成高八尺一寸；十有二陛，陛十有二级；三墠，二十五步。"①在仁宗天圣六年（1028），圜丘坛修筑了墠墙，不过只是短垣，设置了棂星门，"按图设三墠，今请筑外墠，仍于墠外筑短墙，四面各置棂星门"。据此可认为，宋仁宗天圣六年（1028）以前，圜丘没有修建墠墙，只是以青绳代之。天圣六年（1028）以后，修建三墠，并在外墠外筑短墙，四面设棂星门，"以为限域"，这就是唐代长安圜丘外的大营，也就是说，圜丘的范围也是以短墙来界定，并有棂星门。因此，可推断这个大营的短墙应该是方形的，但三墠的形制无法推断。

北宋圜丘发生变化是在徽宗政和三年（1113），改造后的圜丘形制为三成、四陛、三墠。当时有一种普世观，认为天为阳，地为阴，祭天之坛，当用阳数，这是圜丘坛墠发生变化的内在原因。圜丘坛的形制均采用阳数，

① [元] 脱脱：《宋史》卷九十九《礼志二·南郊》，北京：中华书局，1985年，第 2434 页。

以三、六、九为组合依次递减，祭祀等级却逐层升高。圜丘有三墥，墥36步。这些均暗合推演乾卦的策数。

徽宗改造的圜丘，仍以昊天上帝作为主祭对象，神座位于坛顶层，坐北向南，以稿秸为席；以太祖为配祀，神座位于坛顶层，坐东向西，以蒲越为席；其他诸神明均设龛就位，第一龛有天皇大帝、五方帝、大明、夜明、北极等神位，以稿秸为席；第二龛54个内官神位，有北斗、太一、帝坐、五帝内坐、五星、十二辰、河汉等；第三龛159个中官神位，有二十八宿等；内墥之内有106个外官神位；内墥之外有360个众星神位。第二、三龛均以莞为席，皆内向配位。

圜丘是每位帝王展示政权合法性的舞台，徽宗在圜丘改造完成后，也举行了盛大的亲祀仪式。《东京梦华录》中详细记载了徽宗亲祀时的路线和圜丘坛墥的相关设施建筑：圜丘有三重墥墙。徽宗从青城出发，向南行一里左右就到达丘坛，从外墥东门进入，到达第二墥里，里面设有皇帝临时休息的大次，在坛前还设有小次。大次、小次均是小型的帷幕围成的殿宇，供皇帝临时休息、更换礼服等之用，故内设有御座。圜丘坛三层，东、西、南、北四面有踏道，四踏道对应十二地支，别称卯阶、酉阶、午阶和子阶，每阶有台阶七十二个。圜坛三层踏道之间设有十二龛，有十二官神神位。

坛上设神座，以黄褥为席。昊天上帝神座坐北面南，其东南有太祖皇帝神座，坐东面西。燎坛在南壝门外，距离圜坛百步远，燎炉高丈许，祭祀时的各牲类和玉帛等物放在燎坛的柴炉内，举行燔燎，焚烧成烟，袅袅上升。在内壝外还设有祭祀百星的神位。

可惜，徽宗费力改造的圜丘坛，并没有给北宋王朝带来生机和希望。公元 1127 年，金兵攻破东京城后，二帝被金兵掳走，在金兵的大肆烧杀抢掠下，南郊的青城斋宫和圜丘也未能幸免，均被金兵付之一炬。仅使用了 15 年的三层四陛三壝的圜丘就在熊熊大火中灰飞烟灭了。

北宋东京城圜丘祭天空间由青城斋宫和南郊圜丘坛组成。另外还有大次、小次等皇帝休息、更衣的临时行宫及燎坛等附属物。

北宋斋宫称为青城，文献有"青城幄殿"之称，传递了三个信息：其形为殿，其色为青，为临时之用。这是宋初青城的基本形态。真正土木结构的斋宫始建于宋徽宗时，由门、墙、殿等组成院落式建筑群，一般有内外院，成为一处永久性的礼制建筑群。"其主要建筑有端诚殿，斋宫大门泰礼门，便殿熙成殿，正东祥曦门，正西景曜门（一曰景耀门），端诚殿前东、西门名为左、右嘉德门，殿后三门即拱极门，内东侧门为詟明门，内西侧门为肃成门，此外还有后园门宝华门。推想该组建筑应为筑有两层围墙的一座院落，端诚殿在内院，大致居中，便殿在外院，内、外院四面皆开门，此外并设有东偏门。"[1]

斋宫青城的规模，据《宋会要辑稿》载，"臣等相视北郊瑞圣园与南郊青城，皆方三百步"，可知青城平面为方形，边长约300步，根据宋代一尺合今31.68厘米，可得斋宫边长475米左右，面积达225815平方米。

圜丘以昊天上帝作为主要祭祀对象，有宋一代未变。南郊祭天以太祖配祭，是仁宗景祐二年（1035）的事。在此之前，先祖配祭曾有两变：太祖时以宣祖配位，太宗时以宣祖、太祖配位。神位版也是根据等级而有不同颜色：坛上是红漆金字，第一等是黑漆金字，第二等是黑漆黄字，第三等以降为黑漆红字。祭器有：鼎、镬、笾、豆、簠、簋、苍璧、帛等；祭品有牛、羊、猪，祭天用生肉。太牢用牛，左肩、臂九个；少牢用羊、猪，羊左肩七个、猪左肩五个。实行三献，太祖南郊亲祀，以亲王或者皇室成员为亚献、终献，以彰显赵宋皇室人员的神圣性和郊祀礼的重要地位。太祖乾德元年（963）十一月，祀南郊，

[1] 郭黛姮主编：《中国古代建筑史（第三卷）：宋辽金西夏建筑》，北京：中国建筑工业出版社，2003年，第134—135页。

以皇弟开封尹赵匡义为亚献，兴元尹赵光美为终献。开宝六年（973）十一月七日，诏以开封尹赵匡义、兴元尹赵光美充郊庙亚献、终献。

圜丘祭天礼的宋承唐制，其实是北宋在建立之初，在"为我所用"的思想主导下整顿礼制时对唐制的一种"归复"①，是对已经停废或被取代的唐制的恢复，采用重申和采取的方式，是对唐礼制"虽存敬意而并不迷信，其归复也就同时表现为局部的约取和兼采。与之相伴的思想动态和线索，则是宋初以来对唐代礼制的反省和臧否"②。

宋承唐制，宋初三帝整顿礼制时的主旨仍是为我所用，是对五代以来废弃和被替代的唐制的恢复和重申，但不是全盘照搬，而是因时局需要，不断修正和变通，从而孕育出宋代新制的过程。

---

①楼劲：《宋初礼制沿革及其与唐制的关系——兼论"宋承唐制"说之兴》，《历史研究》，2008 年第 2 期。
②楼劲：《宋初礼制沿革及其与唐制的关系——兼论"宋承唐制"说之兴》，《历史研究》，2008 年第 2 期。

第二节　明清对隋唐圜丘祭天的发展

中国古代祭祀经过唐代五礼的制定、三祀的完备，为后世祭祀建立了参照的标准，发展到宋代逐渐完善，而明清时期是中国古代祭祀礼仪的成熟期，祭祀空间完整、祭祀礼仪完备。明代开国就开始五礼的建设，特别是国家祭祀礼制，经过洪武定制和嘉靖改制，成为明朝国家礼制的一代典制。清朝完全继承明代的国家祭祀体系，为有效治理新生王朝起了到积极的推动作用。

明朝建立初年，在礼仪制度方面延续并完善了隋唐的三祀制度。

三祀制是国家礼仪制度规范化的一种体现，出现在隋初，是祭祀等级观念制度化的产物，即根据国家祀典内不同祭祀的重要程度，将其分成大、中、小三类，进而确定祭祀程序。三祀作为国家礼仪，从唐至宋，经历了由观念向制度的转变，在祭祀对象、祭祀礼仪等方面更加有序。

明朝礼制仍遵循唐宋以来的三祀制，形成了国家祭祀的三祀祭典。三祀制框架是等级化的体现，主要表现在祭祀对象的变动上。唐代的三祀对象在永徽二年（651）、开元二十年（732）、贞元九年（793）发生过变动。以大祀为例，固定不变的有昊天上帝、皇地祇、宗庙、神州等，开元二十年（732）增加了五方上帝，在贞元九年（793）增加了九宫贵神和三清。明代初年的大祀对象包括圜丘、方泽、宗庙、社稷、朝日、夕月、先农等，删除了唐宋以来的道教相关神灵，随后改先农、朝日、夕月为中祀，还规定皇帝亲祀包括大祀的天地、宗庙、社稷和中祀的山川。

	祭祀对象	常行祭祀
大祀	圜丘、方泽、宗庙、社稷、朝日、夕月、先农	正月上辛祈谷，孟夏大雩，季秋大享，冬至圜丘，夏至方丘祭皇地祇，春分朝日于东郊，秋分夕月于西郊，四季孟冬享太庙，仲春、仲秋上戊祭太社太稷
中祀	太岁、星辰、风云雷雨、岳镇、海渎、山川、历代帝王、先师、旗纛、司中、司命、司民、司禄、寿星	仲春、仲秋上戊之明月祭帝社帝稷，仲秋祭太岁、风云雷雨、四季月将及岳镇、海渎、山川、城隍，霜降日祭旗纛于教场，仲秋祭城南旗纛庙，仲春祭先农，仲秋祭天神地祇于山川坛，仲春、仲秋祭历代帝王庙，春秋仲月上丁祭先师孔子

（续表）

	祭祀对象	常行祭祀
小祀	司户、司灶、中霤、司门、司井、司马、泰厉、火雷	孟春祭司户，孟夏祭司灶，季夏祭中霤，孟秋祭司门，孟冬祭司井，仲春祭司马之神，清明、十月朔、望祭火雷之神。至京师十庙，南京十五庙，各以时遣官致祭
天子所亲祀：天地、宗庙、社稷、山川；后改为中祀：朝日、夕月、先农。参考《明史》		

（引自《中国明清时期和韩国朝鲜时期的坛壝建筑形制比较研究》第18页"表2.2明代祭祀体系"）

在典章制度方面，继承、发展、创新了唐代《大唐开元礼》的相关内容。

朱元璋初定天下，就从礼制入手，考礼定乐，其目的是"定贵贱，明等威"。洪武元年（1368）开设礼乐局，召儒士议礼制乐。刚登基的朱元璋就命儒臣考定天地、社稷、宗庙祭祀礼仪。洪武二年至三年（1369—1370），增订、补充和完善祭祀的具体细节和仪制，如祭器、省牲、祝文、斋戒、配位、从祀位、礼仪程序等。

洪武三年（1370）九月，《大明集礼》编排完成，其参考古今礼制，按吉、嘉、宾、军、凶顺序，分门别类编修，

具体做法是"参酌成周、唐宋之典，以适其中"①，目标是
要创立一代礼制。因其带有浓厚的议礼色彩，而非实践层
面的礼典，②故修而不刊，直到嘉靖九年（1530），祭礼改
革时才刊布于世。明初的礼制建设，奠定了明代礼制的基
本格局。

《大明集礼》以"五礼"为主体框架，其中五礼取法《大
唐开元礼》的编排架构，这是因为"时代较近，各种仪文
细节彰彰可考，在行礼细节方面更方便取法"③，但并不是
完全照搬，而是根据明初的制礼思想和价值取向有所变动。

《大唐开元礼》中，五礼是按吉、宾、军、嘉、凶的顺
序编排，而《大明集礼》的编排则是按吉、嘉、宾、军、凶
的顺序，将嘉礼提到宾礼之前，只是由于明初的礼制建设主
要采取稽古议礼的方式，带有较强的理想主义色彩，故难以
成为实践层面的礼典。在明朝后
续的礼制建设中，集礼的礼仪多
被更定，缺失之礼也被不断补充。
《大明集礼》参照唐制进行的吉
礼细节的修订，主要在于实践层
面，比如祭祀细节、祀天祝版、
致斋日期、告天下神祇等方面同

① [明] 徐一夔等：《大明集礼》卷一《祀天》，美国加利福尼亚大学伯克利分校藏明嘉靖间内府刊本。
② 吴恩荣：《明初"五礼"体系的重建与唐宋以来的礼制趋向》，《史林》，2018 年第 6 期。
③ 吴恩荣：《明初"五礼"体系的重建与唐宋以来的礼制趋向》，《史林》，2018 年第 6 期。

于唐制。删繁就简，务求可行是其原则，下面以圜丘祭天礼中的诸多细节进行说明。

简化《大唐开元礼》的礼仪名目。圜丘祭天礼是吉礼中的大祀，是官方祭祀礼仪，显示着国家对礼仪的重视程度和对礼仪活动的规范程度。

明初的吉礼有十四类，包括祀天、祭地、宗庙、社稷、王国社稷、朝日夕月、籍田享先农、专祀太岁风云雷雨师、专祀岳镇海渎天下山川城隍、祀旗纛、祀马祖先牧马社马步、祭厉、祀典神祇、三皇孔子。这些吉礼名目相对于《大唐开元礼》，大大进行了简化，像开元礼中的祈谷、雩祀、明堂、青帝、赤帝、黄帝、白帝、黑帝、蜡百神、灵星、司中、司命、司人、司禄、神州、诸陵、先蚕、先代帝王、司寒、五龙坛、齐太公、太子庙等祀，《大明集礼》俱未收录。

改变《大唐开元礼》的结构。明代，进入大祀的仅有圜丘、方泽、宗庙、社稷、朝日、夕月、先农。《大明集礼》将"冬至祀昊天于圜丘"安排在卷一、卷二，其结构先是总叙，其下罗列坛壝、燎坛、配帝、从祀、神位版、神席、祝册、祭器及礼神之玉、币、牲、涤牲、酒齐、粢盛、笾豆之实、乐舞、祭服、褥位、版位、车旗、陪祭执事、陈设、受誓戒、斋戒、告天下神祇、省牲器、饮福、斋宫、告祭、告庙等30个子目，之后附圜丘图、圜丘陈设图、上帝陈设图、大明陈设图、乐舞名物、乐图、舞图、乐章、亲祀仪注、遣官奏告圜丘仪注、祭器图等，对祭祀的过程、祭器、祭品、陈设、省牲器等进行了详细的记述。

　　明朝礼制的改革与变化反复多次，其多继承传统礼制，但在坚持中有改变和发展。在礼制的改革过程中，始终坚持明礼以导民的思想；在礼制改革与礼典的修订中，主张礼法的相互配合，"礼法，国之纪纲。礼法立则人志安，上下定"；明确礼与法的相互关系，以礼入法，依礼制法，以法行礼。"为国之治道，非礼则无法。若专法而无礼，则又非法也，所以礼之为用，表也；法之为用，礼也"[①]，这是明朝礼制改革过程中遵循并贯彻《大唐开元礼》所秉持的律令与礼的关系，并切实坚持维护的典范。

　　明初稽古议礼，制礼上追成周，礼仪取法周礼，实施层面却是以唐礼为纲，明初礼制实践层面的诸多细节都源于唐礼。综观明代圜丘祭天的各种陈设与祭品、祭器和祭礼的配位，沿袭唐代的有以下方面：

　　圜丘祀天祭祀昊天上帝；斋戒均为 7 日，分散斋和致斋，皆散斋 4 日，致斋 3 日。不同处在于皇帝致

① 张德信、毛佩琦主编《洪武御制全书》，合肥：黄山书社，1995 年，第 462—463 页。

斋的地点，唐代致斋 2 日在太极殿，1 日在行宫，没有专门
的斋宫；明代致斋 3 日皆在斋宫，洪武二年（1369）十二月
筑斋宫于圜丘侧。唐代陪祀官员散斋 4 日均在家，正常起居，
致斋 3 日中有 2 日于本司衙门，1 日于祀所；明代陪祀官员
7 日斋戒都得宿于公廨，习礼于斋所。

　　除了在唐制的基础上沿袭圜丘祭祀礼仪，明代还对以上
内容做了创新和完善，表现在以下方面：

　　圜丘祀天，唐代每年分别在冬至、正月上辛祈谷、孟夏
雩祀，共举行 3 次，而以冬至之礼最重。在唐代，有司摄事
为常态，皇帝亲祀只是特例，一般是即位后亲祀圜丘，并进
行大赦。圜丘祭天以祖配天，唐代的配天之祖一直处于变化
中，高祖武德初年以景帝配，太宗以高祖配，高宗以高祖、
太宗并配，开元中以高祖配，宝应初又以景皇帝配；而明初
礼制建设中，减少行礼次数，简化礼仪细节。皇帝仅每岁冬
至亲祀昊天上帝于圜丘，以皇考仁祖淳皇帝配。

　　从祀众神，唐代包括五方帝、日月、内官五星、二十八
宿、外官、众星，总计 679 位之多；而明初唯设大明、夜明、
星辰、太岁从祀，洪武三年（1370）十一月又增加风云雷
雨从祀圜丘。

　　明代祝版依唐制，长一尺一分，广八寸，厚二分，用梓、

楸木为之。礼神之玉，圜丘皆用苍璧和苍币，上帝、配帝所用牲皆苍犊一、笾豆各十二；神版位，皇帝规格相同，皆方一尺二寸，厚三寸，不同的是唐制是黑质赤文，而明制为红质金字。神版位的形制与木料也是不同的，唐代神版位用松柏木，上圆下方，长二尺五寸，宽一尺二寸，通体饰金，镂刻青字，神版位放在红漆木盒中，用黄罗帕覆盖；而明初的神版位用栗木，也是上圆下方，长二尺五寸，宽五寸，但多了趺座，趺高五寸。

神席的区别可能是最大的，明初上帝和配帝均配有龙椅龙案，上施锦座褥；而唐代崇尚质朴，唐初上帝用苍色茵褥，配帝用紫色茵褥，开元时上帝改用稿秸，而配帝用莞。上帝的祭器，坛上基本均以太樽、牺樽、山罍为主，但区别仍是主要的，唐代数量均为 2 个，系成对出现；明初仅太樽为 2 个，牺樽、山罍均只有 1 个，但却增加了一个著樽，所有的祭器均配有勺和幂；另外不同的还有坛下祭器，唐代坛下共有 2 个象樽、壶樽，4 个山罍；明初仅为 1 个太樽和 2 个山罍，但都有幂。另外，其他祭器像笾豆、簠簋登俎、牲案、爵坫、沙池香案等的数量各有不同。同时，各种祭器所盛放的祭品像五齐三酒、粢盛等方面也有不同。

乐舞是祭祀礼仪中祈祷、祝颂情感的表达，唐代与明代有相同也有不同，例如唐代雅乐有十五和，但圜丘祭祀一般用8个乐章，第五章第六节已讲述。

祭服是等级的标志，也是礼仪活动的章服，唐代从皇帝斋戒开始至祀日銮驾出宫至大次，均服衮冕，祭祀前改为大裘冕，搢大圭、执镇圭进行祭祀；而明代简化祭服，祭祀全程皇帝皆服衮冕、执圭。祭祀前的陈设，唐代从祀前3日即开始，包括设置皇帝大次、陪侍位、蕃客位、朝集使位、馔幔；祀前2日设置宫悬、钟磬匏竹、积柴于燎坛、打扫祭坛内外；祀前1日设御位、祀官公卿位、献官执事位及上帝、配帝、众星神座位祀前1日由郊社令负责省牲器。明初陈设从祀前2日开始，有司打扫坛内外、积柴于坛上，皇帝大次、皇太子次；祀前1日，设省牲位、乐悬，设上帝、配帝、众星神座位及御座、陪祀官位、执事官位、望燎位等；祀前1日，皇帝亲临郊坛省牲。饮福环节在祭祀中的时机不同，唐代是在亚献未升坛时皇帝饮福，而明代是三献时皇帝皆行礼，礼毕才饮福。

中国古代礼制建筑一般有两个传统：一种是稽古，模仿周代形制来建设当朝礼制建筑，但总是斟酌时宜，自我作古，只是打着托古的名义；另一种则是效法前朝礼制建筑形制，其目的是表明正统，显示是前朝合法的继承者。

明清北京城的各类祭祀设施，如天坛、地坛、日坛、月坛，
是皇权运作的见证，是中国礼治天下的实物遗存。其中天坛
是中国保存至今规模最大的祭天建筑群，成功入选世界文化
遗产名录。

天坛始建于明成祖永乐四年（1406），是天地合祭的天
地坛，是明、清两朝礼制建设的重要实物遗存。

明初的圜丘形制，是仿汉制而成，其目的是在立国之初
的礼制建设方面革除元代"胡礼"，承继周汉唐宋以来的"礼
统"①。而元以前的宋代，立国之初，"国朝郊坛率循唐旧"②，
即圜丘形制是遵循唐代旧制。唐代沿用隋代辛彦之设计建造
的圜丘，隋代圜丘则是继承了北周、北齐的圜丘形制。

北宋徽宗时，圜丘坛壝进行改制，当时礼制局奏议的圜
丘坛壝形制，参数设计均是为了和《周易》相合："为坛之制，
当用阳数，今定为坛三成，一成用九九之数，广八十一丈；
再成用六九之数，广五十四丈；三
成用三九之数，广二十七丈；每成
高二十七尺，三成总二百七十有六，
《乾》之策也。为三壝，壝三十六
步，亦《乾》之策也。成与壝俱三，
参天地之数也。"③

①吴恩荣：《明初"五礼"体系的重建与唐宋以来的礼制趋向》，《史林》，2018年第6期。
②［元］脱脱：《宋史》卷九十九《礼志二》，北京：中华书局，1977年，第2434页。
③［元］脱脱：《宋史》卷九十九《礼志二》，北京：中华书局，1977年，第2434页。

　　明初圜丘的设计沿袭唐宋以来的做法，使坛壝参数与《周易》相合。明初圜丘仿汉制，为上下两层，下层广七丈、上层广五丈；圆台层高均为八尺一寸，四出陛，皆九级，均为九的倍数。这样，五、七、九均是《周易·系辞》中的天数，代表阳，符合圜丘规制。圜丘坛外有一圆一方的壝墙，内圆壝距坛十五丈，外壝距内壝十五丈，均是五的倍数。但壝墙由三重变成二重，且成为内圆外方的形制，应该是明初时新创。这种内圆外方的壝墙形制一直沿袭下来，成为天坛的规制。

　　嘉靖九年（1530）明世宗的礼制改革，是圜丘形制发生变化的重要转折点，新建圜丘形制，由两层圆台改为三层圆台。第一层，坛面径五丈九尺，高九尺；第二层，坛面径九丈，高八尺一寸；第三层，坛面径十二丈，高八尺一寸。各层面砖用九、七、五、三、一阳数，周围栏板、柱子皆青色琉璃。四出阶，各九级，白石为之。壝墙仍为内圆外方，内壝圆墙，直径九十七丈七尺五寸，高九尺一寸，厚二尺七寸五分。棂星石门六，正南三，东、西、北各一。外壝方墙，周长二百零四丈八尺五寸，高九尺一寸，厚二尺七寸，棂星门如前。还有附属设施，如具服台、神库、神厨、祭器库、宰牲亭、泰神殿（改为皇穹宇）、銮驾库、牺牲所、神乐观、斋宫等，这些附属设施被一方形外垣包围，外垣有四门，北为成贞门，东为泰元门，西为广利门，南为昭享门。圜丘坛的尺寸、用砖数、栏板数以及柱子、台阶数，多用极阳之数九或九的倍数；坛面砖、栏板、柱子及台阶的颜色多用青、白色，基本上具备了今天天坛的布局框架。

嘉靖二十四年（1545），圜丘改建成坛、殿一体的复合性建筑，下为圆坛，坛上为三重檐圆殿，是为大享殿。三层圆坛，通高 5.2 米，各层直径分别为 68 米、91 米、80 米。圆坛四面八陛，东、西各 1 陛，南、北各 3 陛。坛上为殿，即祈年殿，是一座圆形三重檐的建筑，蓝色琉璃瓦顶。祈年殿系砖木结构，设计独特，没有用大梁长檩，全靠 28 根木柱和 36 根枋桷支撑。大殿是由三圈柱础作为建筑的骨架，内圈 4 根，中圈和外圈各 12 根，共计 28 根，分别寓意一年的四季、二十四节气、十二个月和一天的十二个时辰（古代一天分十二时辰，每时辰合两小时），以及象征二十八宿等，每圈寓意奇特，设计精巧。

清朝定都北京之后，在国家制度方面"尽守明之制作，而国祚亦与明相等"[①]，在礼制方面更是如此。祭天礼仪在清廷初入关时被全盘接受，1644 年，顺治帝登基祭天礼便是在北京天坛举行，同年冬至亲祀圜丘，其目的

①孟森：《明清史讲义》第二编《各论·开国》，北京：中华书局，1981 年，第 13 页。

是显示政权的合法与正统，同时表明遵从明朝礼制。正如学者指出的，"明承法纪荡然之后，损益百代，以定有国之规，足与汉唐相配，唐所定制，宋承之不敢逾越；明之所以定制，清承之不敢过差，遂各得数百年"[①]。

除了礼制上沿袭明朝，清朝在祭祀建筑上对明代圜丘形制基本保留，只做了小范围的改变。

清朝初期，天坛格局未发生大的变化，直至乾隆十二年（1747）拆卸了泰元门外的崇雩坛。乾隆改制后，变化有三：

一是内外壝规模的变化。内壝增至一百零六丈四尺，高度降低至五尺九寸，外壝增至二百一十丈一尺，高度降至八尺六寸。四面各三门，楔阈皆制以石，朱扉有棂。门外有两石柱，门施绿色琉璃。

二是圜丘外围方垣形制发生变化。东、西、南皆方，正北变为圆形，这是因为皇穹宇规模扩大，成贞门北移，导致周围的垣墙北突，形成半圆形曲垣。

三是三层圆坛规模扩大。乾隆十四年（1749）扩建圜丘时，按照康熙御制的《律吕正义》古尺，圜丘坛的三成坛径分别为二十一丈、十五丈、九丈，共四十五

①孟森：《明清史讲义》第二编《各论·明开国以后之制度》，北京：中华书局，1981年，第29页。

丈，符合九五之尊。坛面用艾叶青石铺砌，均取九的倍数。每层均石九环，每环以九的倍数增加，顶层从第一环至第九环，中层则从第十环至十八环，下层从十九环至二十七环。圜丘有栏杆环绕，每层也是以九的倍数增加，从上层至下层，分别是七十二、一百零八、一百八十。三层栏杆之数，共计三百六十，以应周天三百六十度。

乾隆改制后的天坛的象征意味明显。天坛坛墙平面呈南方北圆，暗含"天圆地方"的象征之意。建筑规模的尺寸、一砖一石，皆合九五阳数，不能增改。圜丘上层中心的"天心石"，突起于周边石面，又称"太极石"。当人站在天心石上讲话，会产生嗡鸣，统治者将这种现象解释为皇帝祭天时，与上天进行交流。这块天心石被称为"亿兆景从"石。皇帝站在此石上，祭祀昊天上帝，就能与上帝沟通，获得上天的旨意，所以皇帝颁发的旨意，就是上天的旨意，民众遵从皇帝，就是服从上天的旨意。

乾隆改制，将明代嘉靖朝的大享殿改名为祈年殿。圜丘和祈年殿是北京天坛的核心建筑，居于南北轴线上，从北到南有祈年殿、皇穹宇、圜丘，这些构成了天坛的主体祭祀空间，成为保存最完整、最具代表性的中国古代祭祀建筑群，正如世界遗产委员会所评价："天坛从总体到局部，均是古建筑佳作，工艺精品，极具艺术价值，是华夏民族一个漫长的历史时期思想文化的遗迹和载体。"天坛是物化了的古代哲学思想，有着较高的历史价值、科学价值和独特的艺术价值，更有着深刻的文化内涵。

中国古代礼制的发展，历代相因，经过唐宋两朝的发展，至明清逐渐完善。祭祀作为五礼之首的吉礼，是历代帝王受命于天、王权正统和安邦治国政治诉求的体现，受到特别的重视和关注。明、清在传承唐、宋礼法精神的基础上，对祭祀礼典、对象、空间等不断完善，无论天地合祀，还是天地分祭，只是祭祀方式有所不同，而以礼制服务于政治统治和礼化教民的目的是始终如一的。明清时期的礼制建筑，是当时思想、哲学、艺术和建筑技术的完美结合体，是物化了的民族思想，文化内涵丰富。明清的礼典、礼制建筑是中国古代礼制文明的集大成者，凝结了中国古代思想、哲学和技术发展的精华，熠熠生辉，是中华民族宝贵的文化遗产。

第三节　日本、朝鲜半岛学习隋唐圆丘祭天

隋唐时期是中外文化交流的繁荣时期，唐代的国力强盛和中华文明发展的成熟，对周边诸国产生了深远的影响。唐代的郊祀制度也在很大程度上影响了周边诸国，特别是日本和高丽国。

日本与中国是一衣带水的邻邦，同属于东亚文化圈，文化交流很早就开始了。

学习唐朝的典章制度，是日本遣唐使来到中国最重要的目的。日本郊祀制度的创立便是深受中国唐朝影响的结果。公元785年，日本的桓武天皇在长冈京的南郊柏原祭祀天神，称为"交野祭"，区别于朝廷每年冬至在官内举行的祭祀典礼，一般由神祇官主持祭祀。

《续日本纪》里记录了日本桓武天皇为迁都长冈京，模仿唐朝创立了郊祀制度。《续日本纪》是日本继《日本书纪》之后的第二部敕撰编年体史书，全书40卷，记载了文武天

皇至桓武天皇共 9 代天皇的治世历史。根据其中的记载，皇室冬至举行交野祭，最早是在桓武天皇时期。桓武天皇在延历三年（784）将都城由奈良迁到长冈京，次年在长冈京的南郊柏原举行祭祀天神的仪典，主持祭祀的是大纳言兼民部卿藤原继绳。这是日本历史上最早的郊天记录，也开创了日本正式在冬至祭天的郊祀制度。

起初的郊祀只是单纯的模仿，从郊天礼节、程序甚至祝文的格式、内容等方面全面模仿，但因国情、人事有所不同，郊祀仪礼的细节还是稍有差异。

延历六年（787），桓武天皇第二次举行交野祭时，祝文从内容、格式到具体字句，都是按中国唐代的原样，甚至为显示神圣、庄重，对唐代的习惯用语也只是稍作修改、增添。《续日本纪》记载了这次冬至祭天时，大纳言藤原继绳唱读的祝文：

维延历六年岁次丁卯十一月庚戌朔甲寅，嗣天子臣（中略）敢昭告于昊天上帝，臣恭膺眷命，嗣守鸿基，幸赖弯苍降祚，覆焘腾征，四海晏然，百姓康乐，方今，大明南至，长晷初升，敬采燔祀之义，抵修报德之典，谨以玉帛、牺齐（斋）、粢盛庶品，备兹烟燎，祇荐洁诚，高绍天皇配神作主，光仁帝，尚飨。……孝子皇帝臣讳（中略）敢昭告高绍天皇，臣以庸虚，忝承天序，上玄锡祉，率土宅心。方今，履长伊始，肃事郊禋，用致燔祀于昊天上帝；高绍天皇，庆流长发，德冠思文，对越昭升，永言配命，谨以制币、牺齐（斋）、粢盛庶品，式陈明荐，侑神作主，尚飨。①

　　与《大唐郊祀录》所载唐朝皇帝郊祀祭天的祝文进行对比，桓武天皇在祝文中除将唐朝的"太祖景皇帝"替换为"高绍天皇"（光仁天皇）以外，几乎是全文照搬了《大唐郊祀录》的皇帝祝文。柏原位于长冈京的正南方约10千米处，正是"南郊祀天"的好处所。桓武天皇时期，曾有两次交野祭，分别是在延历四年（785）、六年（787）的冬至，此时期正是中国唐朝德宗贞元年间。

　　文德天皇时，交野祭的地点在平安京的南郊，主祭官是大纳言藤原良相。日本平安时代编纂的《日本文德天皇实录》中，记载了文德天皇在齐衡三年（856）冬至祭天的准备过程。关于文德天皇在齐衡三年（856）十一月冬至祭天的记载，注重赴交野柏原之前礼仪程序和各项准备工作。祭祀准备工作从十一月二十二日开始，先派遣大臣前往光仁天皇陵告祭，请天皇配享；二十三日在宫城

① [日] 藤原继绳、菅野真道、秋篠安人敕撰，浦木裕整理、校注：《续日本纪》卷三九"祀天神于郊野"条。

的新成殿前举行驱邪仪式，天皇接受大臣呈递的郊天祝版，并亲自在祝版上署其名，执圭北面拜天，然后再派大臣赴交野郡柏原设范习礼，祠官尽会；二十五日圜丘祭天，大臣祭天归来，向天皇献胙。这些准备工作与《大唐开元礼》所载唐代皇帝祭天的相关准备工作几乎一致。

桓武天皇开创的冬至交野祭，仿效中国唐代郊天仪典而进行，其仪式颇为隆重，但天皇并不亲自到达祭祀现场，而是由大纳言代祭，即中国的"有司摄事"。祭祀中宣读的祝文从形式到内容都与唐代皇帝冬至亲祀时的祝文十分相似。唐代礼仪制度对日本影响相当深远，日本自大化改新之后，开始积极向唐朝学习。日本律令制国家的建立、天皇独尊地位的确立、郊祀制度的开创等，都有唐代礼仪和制度的影子。日本把这种完全模仿唐代的时期称为"文化的黑暗时代"。

除了日本，唐王朝周边的国家中，高丽国在祭祀承天方面的文化继承也深受中国唐宋郊祀制度的影响。

借助唐帝国的力量完成了统一的新罗王朝，全面向唐朝学习，密切与唐朝的关系，向唐朝派遣使臣、留学生，引进唐朝先进的制度和生产技术，除在国内采用唐朝的年号和舆服制度，还派王子或王室成员入唐担任官员。

安史之乱以后，唐朝势力衰微，无暇顾及新罗。新罗境

内各个势力集团趁机扩充地盘，寻机称王，致使新罗陷入近
百年的内乱。

　　直到 918 年，后高句丽将军王建发动政变，推翻弓裔，
取得政权，改国号为高丽。936 年，朝鲜半岛统一，历经惠宗、
定宗、光宗、景宗统治，到成宗时代，采纳辅佐儒臣崔承老
的建议，深化改革，引入儒学治国，使儒家文化成为国家文
化制度，国家逐渐稳步发展。高丽积极学习，借鉴唐宋王朝
的国家祀典，形成完整的儒家五礼制度，这一行为被称为"成
宗制礼"。高丽把圜丘祀天礼列为吉礼之首，在举行时间、
具体内容、程序规制与所用礼器等方面全面效法唐、宋，其
意在通过儒礼树立王权正统观念、重塑国家意识形态、统一
社会价值观念。

　　"成宗制礼"基本完成了圜丘、宗庙、社稷等一系列吉
礼体系的建设，由此确立了高丽朝的儒礼祀典规制，《高丽
史·礼志序》："至于成宗，恢宏先业，祀圜丘、耕籍田、
建宗庙、立社稷。"成宗时开始了圜丘祭天，其圜丘坛形制
模仿唐代，也是十二陛、三墙，不同的是坛体为单层，高度
大大缩小，"周六丈三尺，高五尺，
十有二陛，三墙，每墙二十五步，
周垣四门"①。

① ［朝鲜］郑麟趾：《高丽
史》卷五十九《志十三·礼
一》，韩国首尔：亚细亚文
化社，1990 年版。

高丽仿效中国，糅合唐宋圜丘形制而兼取之。高丽圜丘祭祀属于大祀，和唐宋等级相同。圜丘祭祀有固定祭日和无固定祭日两种，固定祭日称为常日，不是在冬至，而是在孟春上辛日圜丘祭祀祈谷；无常日就是根据需要临时选择吉日致祭。

高丽朝首次举行圜丘祭天礼是在成宗二年（983）正月辛未日。高丽圜丘祀，神位设置完全取法唐宋。成宗亲祀昊天上帝于圜丘，以太祖王建作为配位，从祀之神仅为五方帝。祭天时的设位与朝向，完全遵循《大唐开元礼》。昊天上帝的神座设于坛上北方，南向；太祖王建的神座设于东方，西向。五方帝的神座以东、西、南、北四陛为坐标设位：青帝神座设在东陛北侧，白帝神座设在西陛南侧，赤帝和黄帝神座分别设在南陛的东、西，黑帝的神座设在北陛的西侧。在祭器、祭品方面，高丽均以唐制为准。笾、豆之实的数量，均以十二为尊，故圜丘祭天时，昊天上帝的笾、豆数皆为十二，五方帝的笾豆数均为八。玉礼器方面，"上帝以苍璧，四圭有邸，币以苍；青帝以青圭；赤帝以赤璋；黄帝以黄琮；白帝以白琥；黑帝以玄璜；币如其玉。凡币之制，皆长一丈八尺"[①]。在牲牢方面，唐

① [朝鲜] 郑麟趾：《高丽史》卷五十九，《志十三·礼一》，韩国首尔：亚细亚文化社，1990 年版。

代祀昊天上帝用苍犊，五方帝用方色犊；高丽所用和唐代一样，昊天上帝和先帝各用一头苍犊，而五方帝用方色犊各一。

高丽圜丘祭祀也采用皇帝亲祀和有司摄事两种仪式，确立了初献、亚献、终献的三献制度。皇帝亲祀，从祭服到仪式，全部依唐礼而行。

高丽国王圜丘祭祀时的祭服，也是依唐礼而制定。具体实施是在毅宗（1147—1170）时期，规定"凡祀圜丘、社稷、太庙、先农服衮冕九旒"，并对旒、玉、缫、版、衮服、革带的样式、色彩、纹样等做了详细规定。

成宗的圜丘祭天礼仪在《高丽史》中有较为详尽的描述，圜丘祭祀程序所具有的程式性和规范性，与中国唐宋礼制相当吻合。祀前斋戒、布设大小次等，奏告太祖陵祠，洒扫祭坛，燎坛积柴，准备牲牢，陈登歌之乐，诸卫守壝，设王位、亚献、终献、执事者、监察御史位，设饮福位、奉礼位、赞者位、协律郎位、太乐令位，设王望燎位、陪祀文武官位、祀官及从祀官位，设牲牓、掌牲令位、诸太祝位、太常卿省牲位、御史位，设神版位、上帝神座，设王洗等，不一而足。行祀仪式规模浩大、程序繁复，国王先搢圭受玉币、跪奠、奠爵，然后北向祀昊天上帝，东向祀配座先帝，西向祀配位五方帝等。其间乐师登堂而歌、奏歌，行登歌之礼，附以文舞、武舞伴奏。具体步骤，如銮驾出宫、奏三严、省牲器、奠玉帛、进熟、王盥手、受爵、洗爵、拭爵、执圭、读祝文、王祭酒、受胙肉、饮爵酒、王诣望燎位等，都与唐宋礼制程序和步骤相类，明显受其影响。

成宗时圜丘祭天，契合了当时的历史发展要求，初衷是维护君权神授、王权独尊、国家政治一统。从高丽的整个发展过程来看，圜丘祭天的政治目的在逐渐蜕变，逐渐失去了宣示君权天授、王权正统的目的。

在高丽474年的历史中，圜丘祀天的次数，据金禹彤统计，有确切记载的仅11次，主要有：

睿宗十五年（1120）七月庚戌、十六年（1121）五月辛巳，仁宗二十二年（1143）一月辛酉，元宗二年（1261）四月辛丑，忠烈王十五年（1288）五月甲午、三十四年（1307）五月甲申，忠宣王元年（1309）四月丁丑、五年（1313）五月辛卯，忠肃王八年（1320）三月癸巳，恭愍王十九年（1370）一月丙辰，辛禑王五年（1379）五月乙酉[①]。其举行时间有一月、三月、四月、五月、七月，并不是固定的冬至，而多是临时择日致祭的雩祀。

① 金禹彤：《高丽朝圜丘祭天礼考述》，《东岳论丛》，2013年6月，第34卷，第6期。

　　这种迫于情势、没有固定时间、为当下需求服务的临时祭祀，意味着高丽圜丘祭天礼背离了最初制定时的初衷，在具体实践中发生蜕变。

第四节 当代天坛遗址的保护

"旧时王谢堂前燕,飞入寻常百姓家。"星月流转,千年圜丘荒废,杂草丛生,成为"荒坡子",无人知晓它曾是大唐皇帝祭天的圜丘。

1957年,考古工作队发现了唐代的天坛,竖起"天坛遗址"的保护碑,天坛遗址被定为陕西省第三批文物保护单位,1988年被纳入陕西师范大学范围内。1999年,圜丘遗址经过科学的考古发掘,展露出四层十二陛,与文献记载吻合。

西安圜丘的发掘面世,改写了人们对历史的认知,距今1400年的圜丘,比闻名世界的明清北京天坛早了近千年,成为我国目前已知的最早的皇帝祭天礼制建筑。"中华第一坛"重见天日,尘封千年的大唐天坛引起举世关注。当年参加发掘的中国社会科学院考古研究所的何岁利研究员说:"无论从规格级别,还是从历史年代来看,西安天坛都无愧于'天下第一坛'称号。"

轰动过后的平静是理性的回归。如何保护是一个迫切、现实的难题。对于只是省级文物保护单位的圜丘来说，地位很尴尬，保护级别太低，国家专项经费无从顾及；遗址本体全部是夯土，土遗址保护本身是科研难题。在没有成熟、理想的保护方案时，回填是最好的保护，1999 年 7 月，西安圜丘遗址回填封土。

在此期间，西安市文物局多次组织专家进行圜丘保护的论证会，关于遗址的保护与开发，建筑界和文物界专家难以达成一致意见。建筑界专家认为遗址属于城市的资源，应该为我所用，主张开发利用，化"死遗址"为"活资源"；而文物界专家认为遗址是不可再生资源，相对比较脆弱，应该实行保护，尽量少进行干预。

这两种思路一时无法协调，导致圜丘遗址保护方案迟迟不能出台。在这样的情况下，为了使已经发掘出的圜丘遗址本体不至于风吹雨淋，在充分征询专家意见后，西安市文物局在 2003—2004 年间，实施了保护工程，以保护本体、最少干预为原则。

其具体做法是：首先，在遗址表面铺 5 厘米厚的细砂隔离层，然后铺设 1 米厚的黄土覆盖层，并在覆土表面按原遗址的形制、结构以及白灰抹面等予以对位复原展示；其次，在午陛东侧的陛道上架设轻质钢结构观览通道，栏杆颜色与坛体外形颜色保持一致；最后，改善遗址周围的环境，在天坛南北两侧种植草皮。[①]

遗址本体保护得很好，达到了文物界专家的要求，但是由于其周边环境较差，城中村、居民楼等鳞次栉比，在利用和展示上没有达到理想的效果，社会各界诟病不断。2007年，国家号召大力发展文化产业。西安市政府响应国家文化产业号召，计划将汉长安城未央宫，唐大明宫、天坛、大雁塔等遗址整合在一起，申请丝绸之路世界文化遗产。天坛因为遗址周边环境达不到世界遗产的标准而未能入选。

天坛遗址的尴尬境遇，在2013年出现转机，该年公布的第七批全国重点文物保护单位中，西安天坛名列其中。

近年来，西安市政府大力打造文化产业，围绕着大明宫、大雁塔、曲江池、唐城墙遗址等历史文化资源相继进行了遗址公园建设。大明宫、大雁塔等遗址公园成功进入丝绸之路世界文化遗产名录，大大提升了西安的经济、文化发展速度，同时也改善了人居环境。曲江新区形成的以大唐不夜城、大雁塔南北广场、大唐芙蓉园、唐城墙遗址公园、曲江池遗址公园

①段小群：《唐天坛遗址保护工程》，《文博》，2005年第4期。

为单元的唐文化国家级文化产业示范区，正在以旅游、休闲、娱乐的方式焕发着巨大的经济、社会效益。天坛毗邻唐文化产业基地，开发以圜丘为核心的祭天文化，打造多元唐文化产业，增加曲江唐文化产业基地的内涵与框架，成为一种必然。

致敬历史，承续文脉，古都西安再次用行动践行了丝路文化中心的使命与担当。2014 年，西安市政府计划建设天坛遗址公园。对于遗址公园建设，西安市政府高度重视，《天坛遗址公园概念规划》方案在西安市政府常务会上进行讨论并通过。作为遗址公园，同时也是城市公园的组成，要有适合市民活动的配套设施，其具体的建设规划、方案都是以遗址本体保护为基础，然后进行相应的公园景观和道路建设。

遗址公园是在新时期，为适应大遗址保护而提出的新保护模式。考古遗址公园以遗址作为承载，目标是保护遗址本体，在此基础上进行文化建设，营造公共绿地，使遗址公园兼具保护、文教、休闲等多重功能。

天坛遗址公园原计划在 2015 年开始建设，但由于其建设和保护是一项艰巨而复杂的工程，导致建设启动时间不得不推后。遗址公园建设是一项综合性的城市建设项目，涉及规划、土地、文保、建设、资金等多个方面。

　　土地的产权和使用性质，是困扰天坛遗址公园建设的最主要问题。变更本属于陕西师范大学的土地产权，要通过教育部、国土部、陕西省等各部门的协调联动，程序相当复杂，难度也相当大。此外，圜丘遗址周边是西安重要的吴家坟商圈，以会展中心为辐射，形成的现代城市格局无法改变。商圈内土地价格昂贵，搬迁难度大，这些都是阻碍圜丘遗址公园建设的因素。

　　2017年2月19日，西安市召开专题会，由西安市曲江新区管委会牵头，雁塔区和相关部门联合拆除圜丘周边所有的临时建筑和违章建筑。

　　2018年2月16日即农历正月初一，建成的天坛遗址公园对外开放。天坛遗址公园以圜丘遗址的保护和展示为主体，遗址本体采用覆土保护，通过本体保护后的加高、加大实现原貌展显。为协调遗址与周边环境的关系，园区内以参观道路为主干，以绿植和文化元素增加园区景观构成要素。采用文化廊道连接遗址公园与周边公共道路，将公园的主入口设置在园区外雁展路上，形成圜丘居北、入口居南的南北通透的视觉效果，其间以宽30米、长200米的文化廊道连接。

　　在遗址公园内，充分体现圜丘祭天功能的视觉化，圜丘南陛是祭天的重要通道，由南陛向南设计成祭天的礼仪轴线。

由公园入口至南陛间的廊道提升御道功能，在御道上设计 3 处节点，代表唐代圜丘的三道壝门，以入口标志、主题雕塑、玉币雕塑呈现圜丘的内壝、中壝和外壝三重空间。在这三重空间，展示与祭天相关的燎台、望燎位、壝墙等。公园总体占地约 54 亩，以圜丘遗址为核心，采用"一心一轴"的布局方式，形成集壝墙、燎台、御道、博物馆、绿地为一体的开放式遗址公园。以圜丘为中心，内壝范围以内是遗址本体保护范围，严禁任何开发建设，留够安全距离，充分保护遗址空间不受侵占。

由于天坛遗址公园空间有限，周边建筑风格、体量迥异，逼仄的空间影响遗址本体的展示，中壝、外壝和外营的区域只能实现概念化展示，致使普通市民不能完全感受大唐盛世的祭天盛况。遗址公园没有通往长安路的出入口，公园较为隐蔽，影响了它的开放性与知名度。

2018 年动工修建的明德门城市文化公园，成为另外一处典型的点状遗址，历史上从明德门到天坛的礼仪路线，被现代城市格局割裂，影响了唐代明德门与圜丘之间礼仪路线的展示。明德门遗址公园和天坛遗址公园增添了曲江新区唐代文化的内容，这些典型的点状遗址，使整个唐文化遗址公园形成完整的历史文化廊道，成为城市景观廊道。

　　无论如何，素有"中华第一坛"之称的圜丘重见天日，尘封千年的大唐天坛受到万众瞩目。"一个城市的历史遗迹、文化古迹、人文底蕴，是城市生命的一部分……要把老城区改造提升同保护历史遗迹、保存历史文脉统一起来，既要改善人居环境，又要保护历史文化底蕴，让历史文化和现代生活融为一体。"①千年的圜丘赋予西安新的意义，遗址公园成为大唐长安历史的见证，也是大遗址保护模式的新探索。

---

①《习近平：一个城市的历史遗迹、文化古迹、人文底蕴，是城市生命的一部分》，新华网 2019 年 2 月 1 日。

图书在版编目（CIP）数据

隋唐长安城圜丘 / 韩建华著 . -- 西安 : 西安出版社 , 2018.12（2021.4重印）

ISBN 978-7-5541-3573-0

Ⅰ . ①隋… Ⅱ . ①韩… Ⅲ . ①唐长安城—祭祀—文化研究 Ⅳ . ① K892.98

中国版本图书馆 CIP 数据核字 (2018) 第 295149 号

隋唐长安城圜丘与祭天丛书 · 隋唐长安城圜丘

SUITANG CHANG'ANCHENG YUANQIU YU JITIAN CONGSHU·SUITANG CHANG'ANCHENG YUANQIU

著　　者	韩建华
出版发行	西安出版社
社　　址	西安市曲江新区雁南五路 1868 号影视演艺大厦 11 层
电　　话	（029）85253740
策划编辑	孙　华　范婷婷
责任编辑	张增兰
特约编辑	张广孝　路　索
装帧设计	李南江
邮政编码	710061
印　　刷	永清县晔盛亚胶印有限公司
开　　本	889mm × 1194mm　1/32
印　　张	9.5
字　　数	158 千字
版　　次	2018 年 12 月第 1 版
印　　次	2021 年 4 月第 2 次印刷
书　　号	ISBN-978-7-5541-3573-0
定　　价	48.00 元

△ 读者购书、书店添货或发现印装质量问题，请与本公司营销部联系、调换。

电话：（029）68206213 68206222（传真）